ユーザ目線の
RDB個人生活

データベースを身近に感じる
便利な事例集

堅田康信

東京図書出版

はじめに

　リレーショナルデータベース（Relational Data Base：RDB）は金融機関、鉄道、自治体、病院や学校など身の回りの様々なシーンで利用され、その恩恵は社会生活に計り知れないものとなっていますが、この本はRDBの利用を個人生活に特化した事例を紹介している1冊となっています。

　リレーショナルデータベースとは、Excelの行と列で作成された表形式の複数のシートが相互に関連を持って構成されたExcelブックのようなものですが、無制限に近い保存可能なデータ量、通信を介して同時に複数人による高速な検索と複雑な処理などが実行でき、昨今のデータベースといえばリレーショナルデータベースを指すほどです。

　Officeインストール済パソコンを購入後、日常の文書作成やメール送受信、写真の保存など以外に利用できないかと思案されている人たちに向け、新たにデータベースの知見を身につけて、個人ベースのリスキリングやリカレント教育または生涯学習にも効果的な1冊ともなっています。

　OfficeシリーズにもExcelとの連携可能なデータベース用のAccessが有るものの、個人向けプレインストール版にAccessは無く、必要な場合は別途購入しなければなりませんが、本書掲載事例は無償版データベースのSQL Server利用のため新たな費用負担なしで取り組めます。

　ネットから便利なCSVデータをダウンロードして、Excelシートに編集してみても何か物足りなさを感じている人には、CSVデータを生活スタイルの見直しに役立たせるデータベースにすることができます。データベース化事例にはExcelとの連携も有り、新たな気付きを感じられる1冊ともなっています。

　また、映像データなど、趣味が高じて溜まりに溜まり何を何処に片付けたか忘れてしまい、四苦八苦しながら常日頃何か良い管理方法はないものかと迷ったあげく、データベースでの管理手法に辿り着いた経緯を付随編として取り纏めてみました。

　本文は、以下の第1章から第6章までの構成とし、第1章で生活に便利な事例を紹介、そこまでの実現方法を以降の各章で順に進めながら、自宅のパソコンでデータベースを利用したシステムが作成できることを目的にテクニックを紹介しています。

　　第1章　生活に役立つこんな事例はどうですか
　　第2章　取り敢えずデータベースをインストール
　　第3章　住所録をデータベース化してみる
　　第4章　select文はSQLの基本

第5章　ダウンロードデータのテーブル化手順
第6章　SQL拡張型言語でプログラミング
付随編　溜まった趣味の管理をデータベースで実現

　本文の章や節の中で関連すると思われますが、別扱いとした記述は本文中に《コラム：……》とし、本文では触れないが深掘りしたい方に向けて「触れた方が良い」、「これ以降は本文での記載は避けた方が良い」などと思われることは、以下のように「付録」としています。

付録A	SSMSのサーバーへの接続不可対応詳細：SQL Server専用の管理ツール（SSMS）の接続利用不可時の調査と対応方法を記載しています。
付録B	SSMSのサーバーへの接続対応と確認：付録Aの対応方法のみを記載した簡易版です。
付録C	「新しいデータベース」ウィンドウの補足：本文「3-1 データベースを作成する」の最低限必要な項目以外についての補足を記載しています。
付録D	疑似生成サービスからCSVデータを作成：「疑似個人情報データ生成サービス」の利用から「氏名, 郵便番号, 住所, 補助住所」のCSVデータ作成までを記載しています。
付録E	郵便番号テーブルの作成手順：アイコン「データの取得の停止」機能の確認用事例紹介に利用したテーブルの作成手順を記載しています。
付録F	コマンドツールsqlcmdの利用：SSMSの利用に対応したsqlcmdの利用方法について記載しています。
付録G	フォーマットファイルについて：各項目が全て「"」で囲まれたCSVデータを一括追加する場合などに利用する「フォーマットファイル」について記載しています。
付録H	ユーザー定義関数：f_vcd2d：「yyyy年mm月dd日」表記をデータ型「date」に変換して返すユーザー定義関数「f_vcd2d」について記載しています。
付録I	jbd020nのソースコード：バッチファイル内で作成された実行時ログ内のSQL Serverエラーメッセージを抽出する外部コマンド「jbd020n」のソースコードを記載しています。
付録J	LAN内他PCからのExcel連携対応：家庭内LANや中小企業内LANでExpress版未インストールの他PCからもExcel連携を行う場合の確認と対応について記載しています。
付録K	ビューについて：様々な景色を見せるビュー表の事例紹介や、ビューについての深掘りに関する記載をしています。
付録L	ユーザー定義関数：years_of_age_基準日：生年月日から年齢を返すユーザー定義関数「years_of_age_基準日」について記載しています。
付録M	SQL Serverのバッチ起動と停止：「サービス」登録内容による自動起動を行わず、バッチファイルを作成して起動および停止を行う方法について記載しています。

本書によりデータベースを利用したシステム開発は身近なものに感じられ、ネット上に用意されている生活に便利なデータをテーブル化されながら、新たな世界にチャレンジしてみようと一念発起されることを祈念しています。

　2024年10月

堅 田 康 信

目次

はじめに I

第1章　生活に役立つこんな事例はどうですか 11
1-1　現代社会で必須のデータベース 11
1-1-1　この世に生を受けたら 11
1-1-2　データベースは様々なシーンの裏方で最重要な書庫 12
1-2　データベースを操作するSQL 12
1-3　Excelとデータベースの違い 13
1-4　RDBを個人生活に特化した利用事例 14
1-4-1　通帳履歴をExcelで電子化 14
1-4-2　通帳履歴から年間推移を取得 15
1-4-3　通帳履歴から摘要別出金合計と平均を取得 15
1-4-4　クレジット利用明細を支払日で集計 16
1-4-5　クレジット利用明細から利用店別利用金額合計と平均を取得 16
1-4-6　通帳履歴とクレジットカード利用明細から合算集約 17

第2章　取り敢えずデータベースをインストール 19
2-1　SQL Serverをインストールする 19
2-2　SSMSとは 22
2-3　SSMSをインストール 23
2-4　SSMS起動による接続と動作確認 26
2-4-1　SQL Serverのサービス起動確認 26
2-4-2　SSMSの起動と終了 27
2-4-3　別デバイスへのインストール後に発生した接続エラー 29
コラム：SQL Server 2022 Express Editionの制限事項 30
2-5　SSMS起動および接続確認後の設定項目 31

第3章　住所録をデータベース化してみる 34
3-1　データベースを作成する 35
3-2　住所録テーブルを作成する 37
3-2-1　住所録を格納するテーブルを作成 38
3-2-2　住所録データをテーブルに格納 45

第4章　select文はSQLの基本 50
4-1　SQL文の作成と実行時注意事項 50
4-1-1　SQL文はテキストエディタを利用 50
4-1-2　アイコンメニュー「新しいクエリ（N）」クリック時注意 51
4-2　select文基本形 53
4-2-1　単純抽出 53
4-2-2　条件を指定して抽出 54
4-2-3　抽出結果データ行の並び順を指定 55
4-2-4　データ行の件数を把握する 56
4-2-5　SQL文の実行結果をCSV形式で出力 57
4-3　SSMS利用でテーブル更新 59
4-3-1　SSMSの利用でテーブル更新 59
4-3-2　SSMSのクエリデザイナーでテーブル更新 63
コラム：アイコン「データの取得の停止」の機能を確認 66
4-4　更新系SQL文にチャレンジ 68
4-4-1　insert文でデータ行を追加 68
4-4-2　delete文でデータ行の削除 72
4-4-3　update文でデータ行の更新 72
4-5　ここまでのSQL文を一本化 74
4-6　一本化したスクリプトの都度実行方法 78
4-6-1　SSMSの機能に代わるコマンドなどを追記する 78
4-6-2　拡張子「bat」のバッチファイルを作成 79
4-6-3　拡張子「bat」のバッチファイルを実行 80

第5章　ダウンロードデータのテーブル化手順 84
5-1　CSVデータのダウンロード 84
5-2　拡張子と機能単位に振り分けた効率的フォルダー構成 85
5-3　通帳履歴テーブルを作成するSQLスクリプト 86
5-3-1　ダウンロードCSVデータのテーブル定義 87
5-3-2　本来の通帳履歴のテーブル定義 89
5-3-3　ファイル「fut001_w通帳取込履歴.csv」のテーブル一括追加 90
5-3-4　テーブル「fut001_w通帳取込履歴」から「fut001_通帳履歴」へ 92
5-3-5　拡張子「bat」のバッチファイル作成と実行 95
5-3-6　リスク回避を備えたバッチファイル作成 97
コラム：jbd020nについて 100

5-4　仮想表を作成して実テーブルの利用を高める 101
5-4-1　ビュー「fut001_v直近年間通帳履歴」を作成 106
5-4-2　ビュー「fut001_v摘要別直近年間出金額」を作成 107
5-4-3　ビュー「fut001_v摘要別直近年間振込入金額」を作成 107
5-5　Excelからビューを取得する 108

第6章　SQL拡張型言語でプログラミング 114
6-1　CSVデータのダウンロード 114
6-2　利用明細を管理するテーブルを策定 115
6-3　利用明細テーブル累積管理スクリプトの作成と実行 116
6-4　仮想表を作成して実テーブルの利用を高める 125
6-4-1　ビュー「uc001_v直近年間利用履歴」を作成 126
6-4-2　ビュー「uc001_v支払日集計」を作成 126
6-4-3　ビュー「uc001_v支払日プレゼン対象集計」を作成 126
6-4-4　ビュー「uc001_v利用年月集計」を作成 127
6-4-5　ビュー「uc001_v利用店集計」を作成 127
6-4-6　ビュー「v公共料金支払」を作成 128
6-4-7　ビュー「v直近年間公共料金支払」を作成 128
6-4-8　ビュー「v電気ガス月別合算」を作成 129
6-5　Excel連携確認 130

付随編　溜まった趣味の管理をデータベースで実現 132
付随-1　元々、目指していたものからの展開 132
付随-2　PHP教本の読み替えにてWebサイト第1版を作成 133
付随-3　以降、改訂版をレンタルサーバーにアップ 134
付随-3-1　ラベル画像の取り扱い 134
付随-3-2　多様な検索機能 135
付随-3-3　サイト利用者の管理 136

付録A　SSMSのサーバーへの接続不可対応詳細 138

付録B　SSMSのサーバーへの接続対応と確認 149

付録C　「新しいデータベース」ウィンドウの補足 154
C-1　初期ウィンドウ「データベースファイル（F）」内「初期サイズ（MB）」... 155
C-2　初期ウィンドウ「データベースファイル（F）」内「パス」 156

C-3　初期ウィンドウ「追加（A）」ボタンとファイルグループ 156
C-4　「オプション―復旧モデル」 158
C-5　スクリプト 160

付録D　疑似生成サービスからCSVデータを作成 165
D-1　「疑似個人情報データ生成サービス」からExcelで情報取得 165
D-2　取得したExcelからCSVデータ作成 166

付録E　郵便番号テーブルの作成手順 168
E-1　郵便番号データのダウンロード 168
E-2　テーブル作成用各種スクリプト作成 169
　E-2-1　テーブル定義 169
　E-2-2　テーブル取り込み 170
　E-2-3　索引設定 170
　E-2-4　実行用バッチファイル作成 171
E-3　テーブル作成実行 171
E-4　テーブル「jpn001_郵便番号」からテーブル「jpn002_自治体」を作成 ... 177

付録F　コマンドツールsqlcmdの利用 179
F-1　コマンドプロンプトの起動 179
F-2　sqlcmdの起動時パラメータ 182
F-3　sqlcmdのSSMS利用比較 184

付録G　フォーマットファイルについて 189
G-1　ダブルクォーテーション囲みCSVデータの対応 189
　G-1-1　フォーマットファイルの作成 190
　G-1-2　フォーマットファイルの編集 191
　G-1-3　フォーマットファイルを利用した一括追加 192
　G-1-4　「"」囲みのCSVデータ内の全ての項目を利用しない対応 192
G-2　固定長テキストファイルの対応 193
　G-2-1　フォーマットファイルの作成 193
　G-2-2　フォーマットファイルの編集 194
　G-2-3　フォーマットファイルを利用した一括追加 194
　G-2-4　テーブル「fut001_w通帳履歴」から「fut001_通帳履歴」へ 195
　G-2-5　拡張子「bat」のバッチファイル作成と実行 196
　G-2-6　実行時ログ以外の確認方法 198

付録H　ユーザー定義関数：f_vcd2d 201
　H-1　関数の基本構造 201
　H-2　処理概要 202
　H-3　f_vcd2dのスクリプト 202
　H-4　f_vcd2dの登録 204

付録I　jbd020nのソースコード 206

付録J　LAN内他PCからのExcel連携対応 211
　J-1　SQL Server Browserサービスとネットワークプロトコル
　　　「TCP/IP」 211
　J-2　LAN内他PCからのExcel連携確認 211
　J-3　SQL Serverへの追加対応 213
　　J-3-1　SQL Server認証モードの許可対応 213
　　J-3-2　新たなログインの作成 216
　J-4　SQL Server認証によるExcel連携確認 218
　J-5　他PCからのExcel連携等接続利用状況確認 219

付録K　ビューについて 220
　K-1　こんなビューはどうでしょうか 220
　　K-1-1　ビュー作成元となる実テーブル「cms001_選別顧客」を作成 221
　　K-1-2　実テーブル「cms001_選別顧客」からビューを作成 222
　K-2　ビューの特徴 227
　K-3　多重「select」文ビューへのある対応 227
　　K-3-1　ビュー作成元となる実テーブル「cms001_選別顧客n」を作成 228
　　K-3-2　実テーブル「cms001_選別顧客n」からビューを作成 229
　　K-3-3　Excel連携処理結果への対応 230
　　K-3-4　同一機能ビューの処理時間を計測する 233
　K-4　オプティマイザーの存在 236

付録L　ユーザー定義関数：years_of_age_基準日 237

付録M　SQL Serverのバッチ起動と停止 239
　M-1　SQL Serverサービスの停止とスタートアップの種類変更 239
　M-2　SQL Server起動と停止のバッチファイル作成 241
　M-3　作成したアイコンによる起動と停止 243

おわりに 245
索　引 246

第1章　生活に役立つこんな事例はどうですか

「はじめに」冒頭で「データベースはありとあらゆるシーンで利用され、その恩恵は社会生活に計り知れないもの」と紹介していますが、事例紹介の前に「データベースって、何？」と思われている方に、サラッとデータベースについて理解して頂けたらと思います。

なので、サラッと目を通すのも「まぁ、いいか」と思われた方は、次章に進んで頂いても何ら支障はありませんが、節「1-4 RDBを個人生活に特化した利用事例」には目を通して頂ければ、何かしらの気付きは有るかもしれません。

1-1　現代社会で必須のデータベース

データベースがどの程度現代社会に浸透しているかを分かり易く紹介するために、人としてこの世に生を受けてからの生き様に照らしながら、データベースとの関わりを俯瞰すると、「えっ、そうなの!?」と納得されるかもしれません。

1-1-1　この世に生を受けたら

この世に生を受けたとのことで「妊娠が分かったら」で、ネット検索すると「……自治体に妊娠届出書を提出します。妊娠届出書を提出することで、母子健康手帳が交付され、妊婦健診費の助成や出産育児一時金などのサポートが受けられるようになります。」が最初に表示されました。

居住自治体でネット取得可能な「妊娠届出書」(pdf)の裏面上部に「妊娠・出産・子育てへの支援のため、妊娠届出書・アンケートの内容について、妊婦健診を受診する医療機関、分娩する医療機関、お住まいの市町村、その他必要な関係機関が情報共有することに同意します。」と記載され、署名するようになっていました。

この文中の後半部分の記載により、「妊娠届出書」の表面上部にある自治体が採番すると推定される「個人番号」と表面記載事項の氏名や居住地などを、データベース登録後に各機関で情報共有されるものと思いました。

次に、子供が生まれて14日以内に原則として居住する自治体に「出生届」を行うと、子供の小学校入学前の9月上旬頃に健康診断通知のハガキが送付されてくるなど、子供の成長に合わせて自治体が行うべき業務が進められます。

データベースに登録された「出生届」登録内容などに基づいて、戸籍謄本、住民票、就職したら住民税徴収管理、結婚したら婚姻届による戸籍管理などでデータベースへの更新がさ

れているものと想像できます。

「サラッと」のつもりでしたが、やたら細かくなってしまったので次節では走りましょう。

1-1-2　データベースは様々なシーンの裏方で最重要な書庫

　小中の義務教育卒業後の進路によって、進学すれば進学先のデータベースに登録されて学生証が発行され卒業するまでの成績が管理され、就職すれば就職先のデータベースに登録されて社員証が発行され退職するまでの人事情報や給与情報などが、データベース上に電子的台帳として管理されます。

　給与支払は殆どが銀行振込となり、指定を受けた金融機関では顧客情報、振込先口座を開設、以降の公共料金支払管理、貯蓄目的の預金口座管理、各種目的別融資口座管理などをデータベース上に電子的台帳として管理していきます。

　旅行や出張では、ネットあるいは旅行会社窓口での予約時に、宿泊先ホテルでは客室と食事メニューなどを、公共交通機関では移動手段ごとの座席管理などを、顧客情報と紐付けてデータベース上に電子的台帳として管理していきます。

　最近利用が多い「楽天、Amazon、Yahoo!　ショッピング」などのEC（Electronic Commerce：電子商取引）サイトでは、顧客情報や仕入先情報、商品の入出庫情報などと、様々な情報をデータベース上に電子的台帳として管理していきます。

　昨今、巷の賑わいが多いAIは大量のデータを扱うことからデータベースと密接な関係にあり、最近ではデータベースへAI根幹の機械学習機能が組み込まれるなどと言われ、データベースを身近に感じるシーンがますます増えていきます。

　更なるデータベースの利用事例に興味を持たれた人は「データベース利用事例」で検索してみてください。

1-2　データベースを操作するSQL

　データベースの利用者とデータベースを仲介するために提供され、最も普及しているデータベース操作言語の一つにSQL（Structured Query Language）が有り、ISO（国際標準化機構）やJIS（日本産業規格）で規格化と標準化がされ、日本語では構造化要求言語と訳されます。
　参照先：https://hnavi.co.jp/knowledge/blog/sql/ など

　SQLには、データ定義言語（DDL：Data Definition Language）、データ操作言語（DML：Data Manipulation Language）、データ制御言語（DCL：Data Control Language）の3種類が有ります。

データ定義言語には「create：新規にデータベースやテーブルなどを定義する」、「drop：定義したオブジェクトを削除する」、「alter：定義したオブジェクト内容を変更する」などのコマンドが有ります。

データ操作言語には「select：テーブルを検索する」、「insert：行データを挿入する」、「delete：行データを削除する」、「update：行データを更新する」などのコマンドが有ります。

データ制御言語には「grant：各種権限を付与する」、「revoke：各種権限を削除する」、「commit：トランザクションを確定する」、「rollback：トランザクションを取り消す」などのコマンドが有ります。

これらの SQL と SQL にプログラミング機能が付加され、SQL Server では T-SQL、Oracle では PL/SQL と呼ばれる拡張型言語により、データベースを利用したシステムの作成が行われます。

SQL と T-SQL の内、幾つかを第 3 章以降で順次利用しながら進めていきますので、楽しみにして下さい。

1-3　Excel とデータベースの違い

ここまででデータベースについて、ある程度の理解なり既知の事実なども記載させて頂きましたが、Excel とデータベースのどこがどのように違っているのか、いまいち腑に落ちない方もいるかと思います。

以下は、「Excel とデータベースの違い」で検索、「https://loftal.jp/blog/detail/database-excel-difference」に分かり易いと思われる表が有りましたので、抜粋転記させて頂きました。
但し、サイト内の「プリグラミングスキル」は「プログラミングスキル」と理解しました。

	データベースソフト	Excel
保存可能なデータ量	多い	少ない
プログラミングスキル	必要な場合もある	不要
個人での利用	適している	適している
複数人での利用	適している	適していない
形式	フォーム形式、リスト形式など	表形式のみ
データ管理のしやすさ	しやすい	しにくい

この表は Excel に対するデータベースの優位性を証明させたいようにも見えますが、データベースの「個人での利用」を「適している」とされているところに共感を覚え、本書の目

的が妥当性の有るものだと思えました。

　尚、Excelは1つのファイル（ブック）に複数のシートを保有でき、データベースも同様に1つのデータベースの中に複数のテーブルを保有できますので、テーブルとExcelのシートを対応させるとテーブルの理解が早いかもしれませんね。

1-4　RDBを個人生活に特化した利用事例

　「はじめに」で「……CSVデータを生活スタイルの見直しに役立たせるデータベース化事例……」と触れましたので、この節ではその具体的な事例を幾つか紹介していきます。

　元になるデータは、ネットでダウンロードCSVデータとして取得可能な普通預金の通帳履歴や、クレジットカードの利用明細で2024年1月9日に取得し、それらをデータベース内にテーブル化して利用し易いように編集加工したものをExcel連携にて取得後にExcelで若干の編集を施したものです。

1-4-1　通帳履歴をExcelで電子化

　下記は、普通預金の通帳履歴テーブルに、有れば便利かなとデータベースで用意されている関数を利用して「取扱日付」から算出した「曜日」を追加しています。

　取得後、「取扱日付」、「番号」順に並べ替えています。「番号」は同一「取扱日付」内での取引の順番を表しており、表示上不要ならば並べ替え後に列削除します。

　以降の事例に共通することですが、データベース内にテーブル化して利用し易いように編集加工したものをExcelから取得すると、自動的に1行おきに見易い塗りつぶしがされ、各項目名セルにはプルダウンメニューの▼マークが付され、クリックすると候補を選択可能となっています。

尚、下方シート名の一部に有る「直近年間」は、CSVデータ取得後にテーブル化した日の前月末から過去1年間です。1年間の変化が生活実態を把握するのに分かり易いかと思いました。

1-4-2　通帳履歴から年間推移を取得

前のシートからガス代の年間推移を見易くするために、「摘要」から「ガス」のみ選択しました。

ガスの利用月とのズレは有りますが、冬場には利用量が多くなっています。
「摘要」の選択を幾つか行うことで、生活実態の見え方が変わって興味深いものが有るなぁと思うのは私だけでしょうか。

シート枠外の最下行を見ると、2023年の1年間に145件の入出金が有ることが分かります。
「番号」、「入金額」、「取引区分」、「残高」列などは削除が妥当ですね。

1-4-3　通帳履歴から摘要別出金合計と平均を取得

普段の生活からは気にすることはないかもしれませんが、こんな捉え方はどうでしょうか。

摘要	年間件数	年間出金額	平均出金額
コテイシサンゼイ	3	89400	29800
ジドウキハライ	2	66000	33000
NHK	1	21765	21765
ガス	12	143822	11985
アフラックAPS	11	31460	2860
フリコミテスウリョウ	3	550	183
ロウキンUCカード	12	3375171	281264
コクミンケンコウホケンリョウ	9	254120	28235
チユウモウドウケンキョ	2	1200	600
ユウチョシハライ	2	66000	33000
JCS.シンブン	11	37400	3400
ギフシシヨウゲスイド	6	62038	10339
SMBC(ニッポンオーチス	1	64240	64240
タコウATMシハライ	5	165000	33000
アサヒカセイホームズ(カ	2	477400	238700

1-4-4　クレジット利用明細を支払日で集計

この情報は前節「1-4-2」から「摘要」を「ロウキン UC カード」としても取得できますが、クレジットカード利用明細のテーブル化後に、「支払日」ごとに集計加工したものを Excel から取得してみました。

CSV データの取得先企業が異なっても同一金額となり、取得データに対する信頼性が両企業に対して確保されています。仮に誤差が有れば大変なことですが。

支払日	曜日	件数	利用金額合計
2020-04-06	(月)	11	35,566
2020-05-07	(木)	14	406,749
2020-06-05	(金)	13	46,538
2020-07-06	(月)	12	40,515
2020-08-05	(水)	12	32,217
2020-09-07	(月)	9	30,933
2020-10-05	(月)	13	85,311
2020-11-05	(木)	13	126,063
2020-12-07	(月)	13	45,194
2021-01-05	(火)	17	56,186
2021-02-05	(金)	15	79,184
2021-03-05	(金)	11	107,535
2021-04-05	(月)	13	73,319
2021-05-06	(木)	13	47,124
2021-06-07	(月)	12	28,668
2021-07-05	(月)	13	52,039
2021-08-05	(木)	15	84,618

1-4-5　クレジット利用明細から利用店別利用金額合計と平均を取得

前節「1-4-3」のクレジットカード版みたいなものですね。但し、「利用店」で昇順に並び替え、対象期間は CSV データ取得開始日以降となっています。

利用店	件数	利用金額合計	利用店平均利用額
AMAZON.CO.JP	111	465198	4190
Amazonプライム会費	3	14700	4900
AMZ＊とれたて美味いもの市	1	11830	11830
DCM	1	3511	3511
DCM／NFC	2	4587	2293
DCMカーマ	1	1738	1738
ENEOS－SS	1	5912	5912
JAF年会費	3	12000	4000
JR東海	2	135360	67680
JTB（中部）	1	629300	629300
NHKオンデマンド	1	440	440
TOHOシネマズ(インターネット)	1	1200	1200
TOHOシネマズ(ネット)	4	5200	1300
WOWOW 視聴料	86	158400	1841
アクセルショッピングモール	7	84172	12024
アクツ　　　　　　　（ラクテン）	2	7080	3540
アスクル（BtoB）	2	2677	1338
エキイチバドーダギフ	1	2190	2190
エディオングループ	2	13121	6560
キャッシュレス・消費者還元分	5	-1652	-330
キヤラ	1	15840	15840
ジヤフマイページ	1	4000	4000

尚、前頁表示の「利用店」数は一部です。

1-4-6 通帳履歴とクレジットカード利用明細から合算集約

最近は公共料金の支払もクレジットカードの利用で行えるようになっているため、1つのシートで過去から現在までを捉えられないかとの思いから加工編集した「公共料金」テーブルから、更に加工したものをExcelから取得してみました。

年	月	電気ガス合算
2020	5	27,031
2020	6	18,526
2020	7	18,401
2020	8	21,232
2020	9	25,211
2020	10	17,965
2020	11	18,111
2020	12	19,604
2021	1	26,071
2021	2	27,891
2021	3	24,437
2021	4	24,202
2021	5	23,366
2021	6	17,891
2021	7	17,946
2021	8	24,426
2021	9	22,209
2021	10	19,337
2021	11	17,969
2021	12	25,345
2022	1	34,214
2022	2	37,424

上記は、電気とガスの両方を取り扱う企業から「電気とガスに毎月どのくらい払っていますか」との営業電話が多いため、「電気ガス合算」としてCSVデータ取得開始日以降から集計してみました。

これら6件の事例以外にも幾つか作成してみました。
これらについて「それは如何に？」と思われて次章以降に繋がれば幸甚に存じます。

私はExcelパワーユーザーではないので上記事例をExcelのみではできませんが、パワーユーザーであればマクロ化などを行うことで可能とも思われます。しかし、結構大変な操作が想像できます。

事例の元となるCSVデータの取得から事例作成までの手順は、「第5章　ダウンロードデータのテーブル化手順」や「第6章　SQL拡張型言語でプログラミング」で紹介しています。

先ずは、次章から事例作成に必要なパソコンへのアプリのインストール方法や基本的な操

作方法などを紹介していますので、順番に進めていかれることをお薦めします。

是非とも、この機会にデータベースへの窓を開かれますよう祈念しています。

第2章　取り敢えずデータベースをインストール

　ここから実際に手を動かしながらパソコンに接し、「はじめに」で触れた「新たな費用負担なし」を実感しながら、記念すべきデータベースの世界へ第1歩を踏み出していくことにしましょう。

　今有る幾つかのデータベースから、パソコンにインストールする対象を選択しなければなりませんが、この本の読者の中にはある程度習得後に更にスキルアップされてリスキリングされる方も想定されますので、比較的世界で商用利用が多い無償版を紹介します。
　尚、検索は2023年9月29日に行いました。

　1行目は製品名とバージョン、2行目は当該サイトアドレスです。

```
Oracle Database Express Edition 21c
https://www.oracle.com/jp/database/technologies/appdev/xe.html
```

```
SQL Server 2022 Express
https://www.microsoft.com/ja-jp/sql-server/sql-server-downloads
```

```
MySQL
https://www.mysql.com/jp/products/community/
```

　それぞれを一度覗いて決めて頂ければと思いますが、現在利用しているExcelとの親和性が高い、簡単に言うなら相性が良いと思われるのは、Excel開発元のMicrosoft社が開発したSQL Serverが手っ取り早いかと思われます。

　なので、以降はSQL Serverのインストールについて記載し、具体的な操作方法などについては次章で記載していきたいと思います。

2-1　SQL Serverをインストールする

　管理者権限保有ユーザーでパソコンにログイン後、上記囲み線の2番目のSQL Server 2022 Expressを、インストールします。
　記載サイト表示ページをスクロールしていくと次頁の2つのエディションが表示されています。

または、無料の専用エディションをダウンロード

Developer
SQL Server 2022 Developer は、非運用環境におけるデータベースの開発およびテスト向けの、全機能を備えた無料エディションです。
今すぐダウンロード

Express
SQL Server 2022 Express は、デスクトップ、Web、小規模サーバー向けのアプリケーションの開発と運用に最適な、SQL Server の無料エディションです。
今すぐダウンロード

　表示されている右側の Express の「今すぐダウンロード」をクリックします。左側の Developer は、ある程度習得後に更にスキルアップされてからチャレンジしてください。

　尚、Express 文字直下に「小規模サーバー向けのアプリケーションの開発と運用に最適な、SQL Server の無料エディションです。」と記載され、中小企業の事務効率化に向けても無料で利用できコストパフォーマンスが期待されます。

　以降の事例掲載に使用したデスクトップパソコンは、OS：Windows10 Pro 64 bit、バージョン：22H2 でデバイス名：KATADA-PC で、このデバイス名は以降随所に表示されますが、皆さんが使用されているデバイス名（コンピュータ名ともいいます）に読み替えてください。

　ダウンロード時に格納先フォルダーを指定していなければ、右記矢印のダウンロードフォルダーに「SQL2022-SSEI-Expr.exe」が格納されています。

　当該ファイルをダブルクリック（以降、Wクリック）すると、「このアプリがデバイスに変更を加えることを許可しますか？」のユーザーアカウント制御ウィンドウが表示されます。

　ここで躊躇せずに、「はい」を選択し暫くすると、ディスプレイに大きめの黒いウィンドウが表示され「準備しています」文言から、右記の「インストールの種類を選びます」に文言が変わり、「基本（B）」、「カスタム（C）」、「メディアのダウンロード（D）」からの選択となります。

　表示された3択のそれぞれの説明文を読むに、ここはやはり「基本のインストール」でと思い「基本（B）」をクリックします。

第 2 章　取り敢えずデータベースをインストール

すると、黒いウィンドウ上部の「SQL Server 2022」、「Express Edition」の 2 行以下にインストールに関わる「Microsoft SQL Server ライセンス条項」が表示されます。

これを全て読まれて理解される方もいると思いますが、私の場合はサラッと目を通すのみです。

インストールの実行を行いますので「同意する（A）」をクリックします。

次に表示された「SQL Server のインストールの場所を指定する」で、デフォルト表示されているフォルダー以外を指定する場合は「参照（B）」をクリックして変更しますが、全てのインストール処理終了後のインストール先フォルダーは 1 GB に近い容量となりますので注意が必要です。

通常、パソコン購入時には HDD（ハード・ディスク・ドライブ）や SSD（ソリッド・ステート・ドライブ）などの記憶装置は複数の領域に分割されていません。

因みに KATADA-PC 以外で 1 ドライブが約 1 TB 有るパソコンは C: と D: のほぼ同じ容量のパーティションに分割、「Developer」を「D:¥Program Files¥Microsoft SQL Server」にインストールしました。

KATADA-PC も約 500 GB を等分パーティション分割していますが、デフォルト表示先の「C:¥Program Files¥Microsoft SQL Server」のままでインストールします。

「インストール（I）」をクリックすると、先にダウンロードした「SQL2022-SSEI-Expr.exe」は 4 MB 程度のインストール実行用アプリケーションなので、インストール本体のパッケージ化されたファイルのダウンロードが開始されます。

ダウンロード成功後、前頁下のように即座にインストールが開始されます。

　インストール処理を凝視している途中、一瞬ですが真っ黒なコマンドプロンプトのウィンドウ表示が2〜3回され、終了後に「インストールが正常に完了しました。」メッセージと共に各種情報が表示されます。

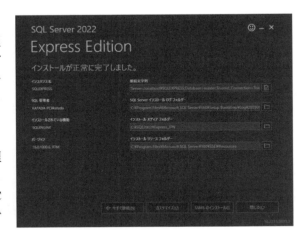

　ここで左側に表記されている「インスタンス名：SQLEXPRESS」と「SQL管理者：KATADA-PC¥katada」（¥で結ばれたデバイス名と接続中ユーザー名）は、以降で何度か表示される文字列なので、気に留めてメモしておきましょう。

　ダウンロードおよびインストール処理に掛かる時間は、通信環境やパソコンスペックにより変動します。KATADA-PCはNTT西日本光回線の宅内有線LANでHDD記憶装置にて約9分程度でした。

　ここまでで、SQL Server 2022 Express Editionデータベースのインストール処理が終了しました。

　ここで、他のアプリのインストール終了時と同様に、表示されている「今すぐ接続（N）」あるいは「閉じる（C）」をクリックしたいところですが、続けて「SSMSのインストール（I）」をクリックします。

　但し、普段行わない慣れない操作で疲れたり、時間に余裕が無い場合は「閉じる（C）」をクリックして、自分のペースで後日に行いましょう。

　次節でSSMSの概要について説明しています。

2-2　SSMSとは

　SSMSは、「SQL Server Management Studio」の略でSQL Server専用のデータベース管理GUI（Graphical User Interface：グラフィカル・ユーザー・インターフェース）ツールです。同様にOracle用には「Oracle Database Client」、MySQL用には「phpMyAdmin」が有ります。

　これらのツール利用にて、データベースに関わるあらゆる管理、例えばデータベースの作成、更新、削除、データベースにテーブルを作成、作成したテーブルに対する変更、テーブルの削除、データベースやテーブルを利用するユーザーの作成、作成したユーザーに対する

様々な権限の付与や取消などを行うなど、データベースに対する統合管理ツールとして利用されます。

　また、データベースを利用したシステム開発に際して、システム全体を機能単位（テーブル条件抽出、編集加工によるテーブル作成・更新・削除など）に分割し、都度処理結果を確認できることにより、開発工程の長期化を防ぐことに繋がり、便利で有効なツールとして重宝できます。

　具体的な操作方法などについては、次章以降で随時紹介していきます。

　GUIはディスプレイに表示されたアイコンやボタンをマウスの操作によりアプリ（システムとも）との対話にて各種処理を行うのに対し、CUI（Character User Interface：キャラクタ・ユーザー・インターフェース）はコマンドプロンプトなどの「>」に続けてキーボードから、コマンドと呼ぶ文字列の入力と処理結果のディスプレイ出力によりアプリと対話しながら各種処理を行います。

　IT技術者の中にはそれぞれのアプリ操作用GUIツールが新たに用意されても、従来のCUIによる操作が効率的だとされている方が多いようです。

　SSMSを利用しなくてもCUIによる操作は可能ですが、SQL Server初心者がデータベースに関わる知識や操作方法を取得するだけでなく、初心者を教育、指導する側にとっても有効なツールであることに間違いありません。

　次節にSSMSのインストールについて記載します。

2-3　SSMSをインストール

　節「2-1」の最後で「閉じる（C）」を選択された方のために紹介すると、「SSMSのインストール」でネット検索すると、その結果トップに表示される以下のサイトは、前節「2-1」最後の「SSMSのインストール（I）」のクリック先と同一でした。

Microsoft
https://learn.microsoft.com › Learn › SQL

SQL Server Management Studio (SSMS) のダウンロード
2023/05/24 — **SSMS** のダウンロード; 使用できる**言語**; 新機能; 以前のバージョン; 無人**インストール**; Azure Data Studio と共に**インストール**する; アンインストール ...
SSMS のダウンロード · 使用できる言語

　上記サイトのクリック後、次頁が表示されるページです。

このページを下方にスクロールした先の、以下の「SSMS のダウンロード」表示次行の「……(SSMS) 19.1 の無料ダウンロード」文言はクリックしないでください。

SSMS のダウンロード

↓ SQL Server Management Studio (SSMS) 19.1 の無料ダウンロード

クリックして表示される「ダウンロード」ウィンドウ内に、「SSMS-Setup-ENU.exe で行う操作を選んでください。」で示されているインストール実行プログラムは日本語対応ではありません。

仮にダウンロードされても開かずに、ダウンロードフォルダーから削除しましょう。

日本語対応版は当該ページを更に下方にスクロールして、以下の「使用できる言語」表示行以降に記載されている各国語中の「日本語」文言をクリックします。

使用できる言語

SSMS の今回のリリースは、次の言語でインストールできます。

SQL Server Management Studio 19.1:
簡体中国語 | 繁体中国語 | 英語 (米国) | フランス語 | ドイツ語 | イタリア語 | 日本語 | 韓国語 | ポルトガル語 (ブラジル) | ロシア語 | スペイン語

クリックして表示される「ダウンロード」ウィンドウ内に、「SSMS-Setup-JPN.exe で行う操作を選んでください。」または、即座にダウンロードが開始されても「JPN」が付いていれば日本語対応版を表しています。

ダウンロードファイルサイズが661,167KB も有るので、通信環境によりダウンロード時間が左右されます。

ダウンロード後にファイルを開くと、右記インストールウィンドウが表示されます。

「インストール（I）」をクリックする前に、インストール先フォルダーを確認します。

前節「2-1」でインストール先を「D:」に変更されていた場合は、SSMS のインストール先も「D:¥Program Files (x86)¥Microsoft SQL Server Management Studio 19」への変更が推奨されます。

「インストール（I）」クリック後、SSMS を構成する各種パッケージごとのインストール進行状況と、インストール全体の進行状況を表示する青色バーが表示されます。

正常にインストール処理が終了されると、「セットアップが完了しました」文言記載の右記ウィンドウが表示されますので確認後、「閉じる（C）」をクリックして SSMS のインストールは終了です。

尚、前節「2-1」のインストール終了時に、続けて「SSMS のインストール（I）」をクリックされていた方は、下記の「SQL Server インストーラー」ウィンドウが表示されていると思いますので「はい（Y）」で終了してください。

SSMS のダウンロードおよびインストール処理に掛かる時間は、約 7 分程度でした。

2-4 SSMS起動による接続と動作確認

前節「2-1」および「2-3」でSQL ServerおよびSSMSのインストールが正常に処理されましたが、SQL Serverが正常に起動されてSSMSが正常に動作されないことには、実際にインストールが終了したことにはなりません。

ここでは最初に、KATADA-PCを再起動した後に、私自身が確認した作業とその結果を受けて、それなりの調査と対応した作業などについて取り纏めた結果を、実際の手順に沿って列記していきたいと思います。

2-4-1 SQL Serverのサービス起動確認

まず最初に行った作業は、SQL Serverのサービスが起動されたかどうかの確認作業です。

通常、「サービス」の確認手順はディスプレイ最下段のタスクバー左端の「スタート」ボタンのクリックから開始、表示された下方「W」配下の「Windows管理ツール」表示のクリックにて展開された「サービス」をクリックします。

表示された「サービス」ウィンドウの「名前」欄にアルファベット順に表示されている中から「SQL Server」の文字列が表示されるまで下方にスクロールした結果表示が下記です。

上記のサービス一覧3行目から「SQL Server（SQLEXPRESS）」、「SQL Server Browser」、「SQL Server CEIP service（SQLEXPRESS）」、「SQL Server VSS Writer」 と「SQL Serverエージェント（SQLEXPRESS）」の計5件のサービスでSQL Serverが構成されていることが分かります。

但し、これらサービスのうち「状態」が「実行中」は3件、「スタートアップの種類」には「自動（遅延開始）」が2件、「自動」は1件、「無効」が2件でした。

取り敢えず、ここでは「サービス」の確認のみに留めておきます。

2-4-2　SSMSの起動と終了

次に、SQL Server の管理ツール SSMS は自動起動されるアプリとは異なりますので、自ら起動しなければならず「サービス」の一覧にも当然有りません。

　最初はタスクバー左端から「スタート－最近追加されたもの－ SQL Server Management Studio Man…」にて起動しますが、最後の「…」表記は表示桁が多くないためマウスを暫く置いたままにすると、上段に「SQL Server Management Studio Management Studio 19」が表記されます。

　次回以降「スタート－最近追加されたもの－」に表示されない場合は、「スタート－ Microsoft SQL Server Tools… － SQL Server Management Stu…」にて起動します。

　それはさておき、「SQL Server Management Studio Management Studio 19」（SQL Server Management Stu…）のクリックにて、暫くするとディスプレイ中央に以下の表示がやや大きめにされ「起動していますよ感」が溢れてきます。

　左下方の「v19.1」表示がバージョン19を表しています。
　その後、以下にディスプレイが変化し、「サーバーへの接続」ウィンドウが中央前面に表示され、「接続（C）」ボタンが活性化されクリックを要求しているようです。

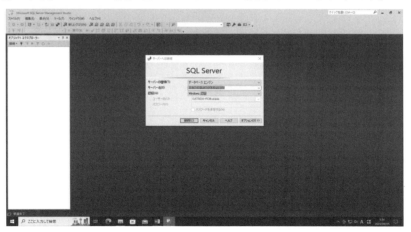

ここで、注視すべきはウィンドウ内に表示されている「サーバー名（S）：KATADA-PC¥SQLEXPRESS」、「認証（A）：Windows認証」と「ユーザー名（U）：KATADA-PC¥katada」で、これらはSSMS起動時にデフォルトで表示されていることです。

　思い起こすと、前節「2-1」の終わりに「インストールが正常に完了しました。」文言と同時に表示されていた「インスタンス名：SQLEXPRESS」と「SQL管理者：KATADA-PC¥katada」で、デバイス名「KATADA-PC」とインスタンス名が「¥」で結ばれてサーバー名と定義されていたことです。

　これらの表示以外の「サーバーの種類（T）：データベースエンジン」にはドロップダウンメニュー機能が付されているのでクリックしてみましたが、SQL Serverのパワーユーザーに成長してからと認識、他のドロップダウンメニューについてもここでは触れません。

　「ユーザー名（U）」下の「パスワード（P）」が活性化されていないのは、KATADA-PC起動時接続ユーザーが「katada」で既にログインによる認証済であるためと推定しました。

　取り敢えず、SSMSは正常起動されたと思いますので、当「サーバーへの接続」ウィンドウの「接続（C）」クリック要求に答えたいとクリックしました。

　クリック後、即座に近い時間差で下記ウィンドウが表示されました。
　但し、下記は掲載し易いように有効部分のみにウィンドウの縦と横などを調整しています。

　左フレームの「オブジェクトエクスプローラー」内には接続したデータベースエンジンが「サーバー名」、「SQL Server 2022のバージョン」、「ログインしたユーザー」の文字列を結合した「KATADA-PC¥SQLEXPRESS（SQL Server 16.0.1000-KATADA-VAIO¥katada）」が表示されています。

　その直下には「サーバー名：KATADA-PC¥SQLEXPRESS」に対して、カテゴリごとに纏められた各種操作階層の最上段メニューが表示されています。

次章以降で、データベース作成、テーブル作成、ログイン作成などを階層最上段から展開されるメニューを利用して行いますが、全てのメニューを展開利用することは無く、エッセンスのみとなりますが順次具体的に記載していきます。

　SSMS起動手順ですが、当節冒頭の記載方法では今後幾度となく行う方法とは到底思えませんので、「スタート－Microsoft SQL Server Tools 19－SQL Server Management Studio Management Studio 19」のリンクをデスクトップに配置後、名前は短く「SSMS」に変更しておきましょう。

2-4-3　別デバイスへのインストール後に発生した接続エラー

　私はモバイル用にと「デバイス名：KATADA-VAIO」も所有していましたので、「KATADA-PC」と同様にSQL ServerとSSMSのインストールを行いたくなり、当章冒頭からの一連のインストールを実行しました。

　そして、SSMSの起動にて「サーバーへの接続」ウィンドウを表示させ、「接続（C）」ボタンをクリックしましたが、前節のように左フレーム内に「オブジェクトエクスプローラー」表示がされず、「サーバーへの接続」ウィンドウ内の拡大文字「SQL Server」下のオレンジ色をした線が流れ続け、何か内部で動作しているものと思いました。

　すると、計測していたわけではありませんが30秒ぐらい経ったかと思われたときに、下記ウィンドウが表示されました。

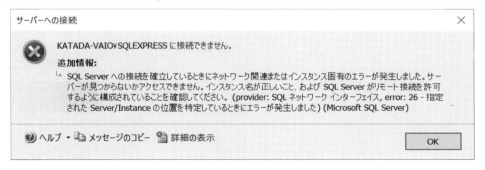

　「KATADA-VAIO¥SQLEXPRESSに接続できません。」のメッセージとその前に表示されている赤い円の中の×（バツ）は、誰がどう見ても「サーバーへの接続」にエラーが発生していました。

　ひとまず「OK」をクリックするとエラー表示ウィンドウは消え、背面表示されていた「サーバーへの接続」ウィンドウは「キャンセル」ボタンが活性化されていましたので、これをクリックして表示を消しましたがSSMS自体は起動状態のようなので、取り敢えずタブメニューの「ファイル（F）－終了（X）」あるいは右上「×」でSSMSを終了させました。

　このまま放置すると「KATADA-VAIO」でのSSMS利用ができないので、当方なりに時間

を掛けて調査対応などを行った結果、前節同様左フレーム内に「オブジェクトエクスプローラー」が表示され安堵しました。

　後日判明したことですが、前節「2-1」冒頭のインストール紹介サイトに記載が有ったように、仮に「KATADA-PC」を小規模サーバーに位置づけて他パソコンから接続利用する場合、設定作業の一つに「KATADA-VAIO」と同じ対応が必要となります。

　なので、これ以降にそれなりの時間を掛けて調査と対応を行った経過などを、記載しようと思いましたが当章本来の目的とは異なると思われ、別途「付録A　SSMSのサーバーへの接続不可対応詳細」として取り纏めました。

　また、調査経過を省略し、対応方法のみに絞って簡素化させた「付録B　SSMSのサーバーへの接続対応と確認」を別途記載しました。

　興味が湧かれた方、あるいは「KATADA-VAIO」と同じ接続エラーが発生した方は、是非とも参照頂きたいと思います。

コラム：SQL Server 2022 Express Editionの制限事項

「付録A　SSMSのサーバーへの接続不可対応詳細」に目を通された方は、Express版が無償故にSQL Serverのサービス「SQL Serverエージェント（SQLEXPRESS）」は、インストールはされるが利用制限されているとの記載に「んっ？」と思われたのではないでしょうか。

　この利用制限により具体的に私が経験したことは、データベースのバックアップ系コマンドが利用できなかったことですが、バックアップしたいテーブルをCSV形式テキストとして出力することで回避できます。

　これ以外にも幾つかの利用制限が設定されており、ネット上で紹介されているものを記載してみましたので、「これはどうなの？」と思われた方は、全機能を備えた無償のDeveloper版をインストールして試してみてください。

以下がExpress版の制限事項です。
１．SQL Serverエージェント（SQLEXPRESS）が利用不可
　　当コラム冒頭記載事項です。

２．データベース容量が10 GBに制限
　　次章以降で触れていますが、テーブルや索引などを格納するデータ容量の最大が10 GBに制限されています。

データ容量が10 GB 近くまでなったら別のデータベースを作成すればよいと思われ、これで回避できるかどうかの実証は行っていませんが、システム開発時に参照先データベース名を指定する必要が有ります。

３．インストール先のCPUは1CPU4コア
　最近の高性能サーバーでは1CPU96コアが有るそうです。利用パソコンのコア数は「スタート－Windowsシステムツール－タスクマネージャ」あるいは「タスクバー右クリックメニュー－タスクマネージャ（K）」の「パフォーマンス」タブの左フレーム内「CPU」クリックで確認できます。

４．データベースの暗号化が不可
　データベースを暗号化することでセキュリティ強化が図れます。

５．AlwaysOn 可用性グループが不可
　これは高可用性と障害回復を提供する高度なエンタープライズレベルの機能であり、複数サーバーで構成されるグループに適用される機能で、大規模システム向けで障害発生時の対応が凄いということらしいです。

以下は、SQL Server 2022 の各エディションとサポートされている機能の紹介サイトです。
https://learn.microsoft.com/ja-jp/sql/sql-server/editions-and-components-of-sql-server-2022?view=sql-server-ver16#sql-server-editions
　興味のある方は一度覗いてみてください。

2-5　SSMS起動および接続確認後の設定項目

　ここまでで SQL Server と SSMS のインストール、起動と接続確認ができましたので、次章から SSMS の「オブジェクトエクスプローラー」内各層階層の展開にて具体的な操作を行っていきましょう。

　但し、私のように日常的にパソコンの電源を24時間入れっぱなしにされているような方は、是非とも行って頂きたいことが有ります。

　それは「最大サーバーメモリ」の適正な設定です。

　まずその方法ですが、SSMS の起動接続後に表示される「オブジェクトエクスプローラー」で、最上部に青色表示されている接続データベースをマウスでポイント後、右クリックメニューで最下部に表示されている「プロパティ」をクリックします。（次頁参照）

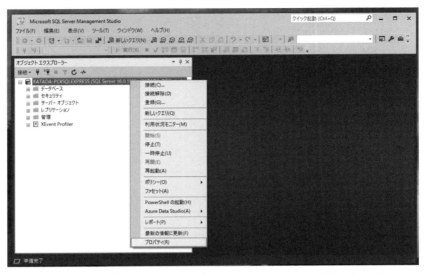

　クリック後に表示された「サーバーのプロパティ」ウィンドウ内の左フレームに有る「ページの選択」から「メモリ」をクリックして表示される「サーバーメモリオプション」に注目します。

「最小サーバーメモリ（MB）(M)」には当然のように、これ以下には設定できない「0」がデフォルト表示されていますが、「最大サーバーメモリ（MB）(X)」には何の根拠が有るのか「2147483647」がデフォルトで設定されています。（下記参照）

第2章　取り敢えずデータベースをインストール

「SQL Server 最大サーバーメモリ 2147483647」の検索語にて表示されたサイトを眺めると、この数字は約2PB（ペタバイト）でOS（オペレーティングシステム）が認識できる最大値であり「無制限な状態」だそうです。

これに気づかず放置し、実際の業務中に「リソースプール'internal'のシステムメモリが不足しています。」なるエラーを数本発生させ、この発生元となる自動運用させていた業務数本のリカバリー対応を余儀なく行う結果となりましたが、幸いにして本番運用開始前でした。

調査の結果、「SQL Serverは処理が終了しても使用したメモリは解放しない」のが原因で、「最大サーバーメモリ」の設定値は他のプロセスで使用されない使用可能なメモリの75％が推奨されるとのサイトも有りました。

業務中にエラーを発生させた仮想サーバーのメモリは32GBで創成していましたので、半分の16GBを「最大サーバーメモリ（MB）（X）」に設定し、後日リスク管理上、当該仮想サーバー再起動を週一、毎日早朝にSQL Serverのサービス再起動を行わせるなどの自動運用を設定しました。

なので、24時間電源入れっぱなし「KATADA-PC」のメモリは8GBにつき、「4096」を「最大サーバーメモリ（MB）（X）」に設定し「OK」をクリックしました。

この件に関して更なる興味をお持ちの方は、先の検索語にて表示されるサイトをご覧ください。

第3章　住所録をデータベース化してみる

　SQL Server のデータベースをインストールし、SQL Server 専用の管理ツール SSMS もインストールして接続確認もできましたので、いよいよデータベースを身近に感じる1歩をここから踏み出しましょう。

　そこで、皆さんが年賀状や暑中見舞いなどの送付先として利用している住所録は、私を含めて殆どの方が Excel で管理されていると思いますが、より早く手短にデータベースを実感できる最適な素材としてこの住所録を選び、この章の標題としてみました。

　実際の手順としては、最初にデータベースを作成、次に住所録を格納するテーブルを作成、そして住所録データをテーブルに格納しますので、当章標題は正確な表現ではないかもしれませんが、イメージを掴んで頂くには最適かと思います。

　住所録データとは、今まで Excel で管理していた住所録を CSV のテキスト形式に出力したものとなりますので、事前に Excel で「ファイル－名前を付けて保存－現在のフォルダー（で結構です）－ファイルの種類（T）のドロップダウンリスト－CSV（カンマ区切り）(*.csv)」にて作成願います。

　素材としてここで私の住所録を提示することは、個人情報保護法に照らせば問題が有りますので、「疑似個人情報データ生成サービス http://hogehoge.tk/personal/」（以下、疑似生成サービス）を利用させて頂きます。
　他にも「無料で使えるテストデータ作成サービスまとめ https://sabawaza.net/web-dummydata/」が有り、個人情報のテスト用データが作成できる幾つかのサイトが紹介されています。

　「疑似生成サービス」も無料で利用できますが、生成条件入力ページに記載されている「使用許諾条件」を確認して利用します。尚、当章で提示している事例内では、万が一実在する人と一致する情報を懸念して一部出力結果を「○」で置換しています。

　読者の皆さんは、掲載事例を自分で管理されている住所録などに読み替えて頂きながら進められると、一石二鳥の効果が倍増されると思いますよ。

　さあ、節「2-4-2」の終わりでデスクトップに配置したショートカット「SSMS」のWクリックから始めましょう。

3-1 データベースを作成する

SSMS 起動後、暫くして表示される「サーバーへの接続」ウィンドウで「接続（C）」クリック後、正常に接続されて表示される右記ウィンドウを、便宜的に「SSMS 初期ウィンドウ」と以降表記させて頂き、これに続く操作を「SSMS －」から記載していきます。

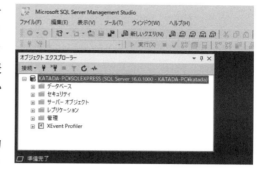

データベースを新規作成するには、「SSMS 初期ウィンドウ」左フレームの「オブジェクトエクスプローラー」内の「データベース」右クリックメニュートップに表示される「新しいデータベース（N)…」をクリックします。（下記参照）

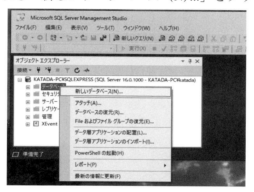

暫くすると、下記「新しいデータベース」ウィンドウが表示されます。

このウィンドウ内に表示されている各項目について、全てを説明することは本書の目的ではありませんので、最低限必要な設定項目について記載していきます。

　但し、興味をお持ちの方もいると思われますので、その他の項目については『付録C「新しいデータベース」ウィンドウの補足』として、取り纏めていますので目を通してみてください。
　意外とハマるかもしれませんよ。

　このウィンドウでの必須項目は名前だけなので、表示されている右フレーム内トップの「データベース名（N）」テキストボックスに半角英数字にて任意の記入となりますが、以降作成する種々のオブジェクトで頻繁に使用される文字となるので、長い文字列は避けるのが良いでしょう。

　私の場合、「taro」と記入しましたが、１文字ずつの記入に連動するかのように、下方「データベースファイル（F）」フレーム内「ファイルの種類：行データ」の左側「論理名」の１行目が「(空白)」から「taro」へ、同２行目「ファイルの種類：ログ」の左側「論理名」が「_log」から「taro_log」へと順に変更されました。

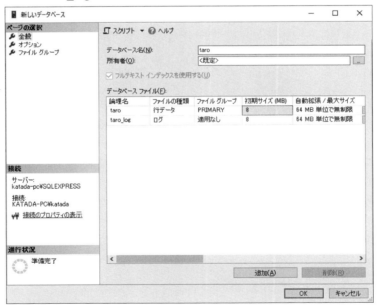

　活性化されている「OK」ボタンをクリックすると、「新しいデータベース」ウィンドウ内の左フレーム「進行状況」の「準備完了」文字が緑色文字で「実行しています」に変わったかと思うが即座に閉じられ、「データベース」表記直前の「+」が自動展開され「taro」データベースが作成されたことが確認できました。（次頁参照）

第3章　住所録をデータベース化してみる

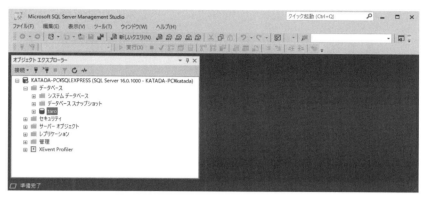

　ここで、作成されたデータベース「taro」表記直前の「+」をクリックすると、下記のように作成したテーブルを格納管理するであろう「テーブル」表記を含め、データベースを構成する各オブジェクト名を表記したフォルダーメニューが展開表示されます。

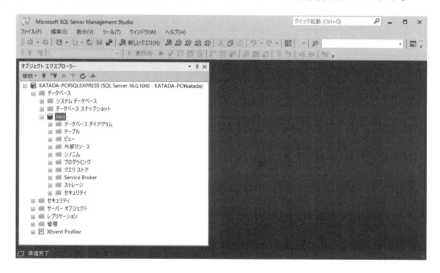

　第2章の終わりで触れているように全てのメニューを展開利用することは有りませんので、次節に進みましょう。

3-2　住所録テーブルを作成する

　当章冒頭で、Excel で管理している住所録を CSV（テキスト）データとして出力して頂きました。

　以下事例で使用する「疑似生成サービス」から作成する「氏名,郵便番号,住所」の CSV データですが、「住所」が「都道府県、市区町村、町域、街区符号、マンション名号室」の細分化された項目にて区分表示されています。

　なので、ここでは「都道府県、市区町村」を「住所」、「町域、街区符号」（「マンション

名号室」は削除）を「補助住所」とし、「疑似生成サービス」の利用から「氏名, 郵便番号, 住所, 補助住所」のCSVデータ（personal_infomation_住所編集後.csv）作成までを「付録D 疑似生成サービスからCSVデータを作成」に纏めてみました。

3-2-1　住所録を格納するテーブルを作成

　住所録をExcelで作成する場合、「Excel起動－空白のブック」で表示された「Book1-Excel」の各セルに、「氏名, 郵便番号, 住所, 補助住所」の各項目を順次入力の繰り返しにて、出来上がりを直接感じられますが、データベースの世界では幾つかのプロセスを踏まなければなりません。

　以降、操作画面のキャプチャーを多用して記載していますが、一度テーブルを作ってみると案外簡単にできるものだと思えて、更に興味が湧いてくるものだと実感できます。

　ということで、早速右記のように「SSMS－＋データベース（データベースを展開、以降同様とします）－＋taro－テーブル右クリック－新規作成－テーブル（T)...」と順次表記させて「テーブル（T)...」をクリックします。

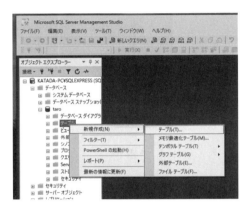

　すると、右側のペイン（と言うそうです）に「列名」、「データ型」、「NULLを許容」の標題が記され、その下方には「列のプロパティ」のタブが表示されました。（下記参照）

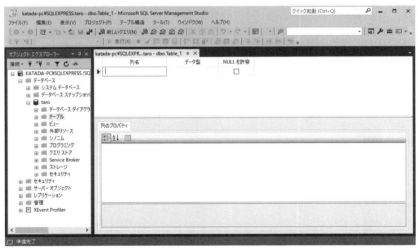

　Excelの利用により既に住所録を作成されているので、「列名」は文字通り、「データ型」は「セルの書式設定」での「表示形式」に置き換えればと思われますが、「NULLを許容」には馴染みが無いと思われます。

第3章　住所録をデータベース化してみる

　取り敢えず、住所録の「氏名,郵便番号,住所,補助住所」の中から CSV データ中の最左項目「氏名」を選択し、「列名」欄直下に「しめい」と入力して漢字変換により「氏名」を選択確定させる、あるいは「Tab」キー押下します。

　すると「データ型」欄直下に青色文字列「nchar(10)」とドロップダウンリスト記号が表示され、「NULL を許容」欄に「✓」(チェック記号) が表示されました。(下記参照)

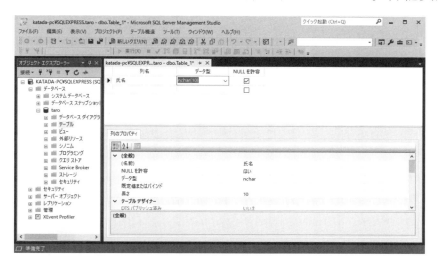

　デフォルトで青色文字列の「nchar(10)」は、「sqlserver 2019 データ型」の検索結果より「Unicode 10桁固定長文字列」を定義していることになりますが、「付録D」で作成した「personal_infomation_住所編集後.csv」の文字コード「ANSI」で「氏名」の桁数は固定ではなく可変長につき、ここではドロップダウンリストから該当するデータ型となる「varchar(50)」を選択しました。(下記参照)

「データ型」は検索結果サイト「https://learn.microsoft.com/ja-jp/sql/t-sql/data-types」を参照しました。「varchar(50)」内数字50はバイト数を指し、50バイトに満たない場合は有効桁のみ格納され、50バイト以上の「氏名」が仮にデータとして有れば当該データは格納されません。

「NULL を許容」の「null」は「無価値・空っぽ・ゼロのことを意味する英語表現で、プログラミング言語やデータベースのデータ表現の一種で、何のデータも含まれない状態のこと」とされ、「✓」表示は「氏名が未登録でも OK ですよ」となるのは NG につき、「✓」をクリックで消します。

「氏名」以外の「郵便番号, 住所, 補助住所」の項目で「郵便番号」は 7 桁ですが「-」が有るので固定長 8 桁とし不明の場合も想定されるので null を許容、「補助住所」は最大 100 桁（バイト）と余裕を持たせて以下のように設定しました。

項目設定定義が終了したら「テーブルの保存」を今は中々見ることが無いフロッピーディスクのアイコンメニューをクリックして行います。マウスをポイントすると「Table_1 を保存（Ctrl）＋S」と表示されますが、便宜的にテーブル作成中に自動で付けられたテーブル名称です。

クリックして「名前の選択」ウィンドウが表示されたら、「Table_1」表記を下記のように「住所録」に変更後、「OK」をクリックします。

すると、今まで表示されていた黄色のタブ内文字「katada-pc¥SQLEXP...S.taro-dbo.Table_1*」が「katada-pc¥SQLEXP...S.taro-dbo.住所録」に変更されました。（次頁参照）

第3章　住所録をデータベース化してみる

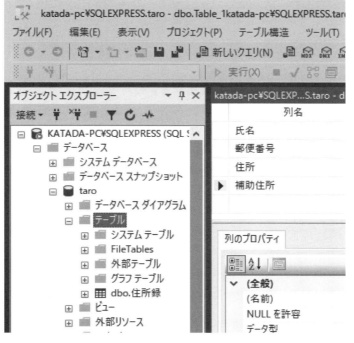

　更に、左フレーム内オブジェクトエクスプローラーの「＋テーブル」を行うと、「dbo.住所録」表示によりデータベース「taro」のテーブルとして作成されたことが分かります。

　ここで、「付録C」の「C-5　スクリプト」を参照された方の中には、「テーブル作成についてもデータベース作成と同様に実際に実行されるコマンド文字列が表示できるのでは？」と気付かれたと思います。

「付録C」を参照されていない方も、本書の目的となり第1章で紹介しているデータベース操作言語のSQLを習得する手始めに、以下に目を通して頂ければと思います。

　表記させる手順は、次頁のように「dbo.住所録」の右クリックメニューから「テーブルをスクリプト化（S）－新規作成（C）－新しいクエリエディターウィンドウ」と順に辿りクリックします。

41

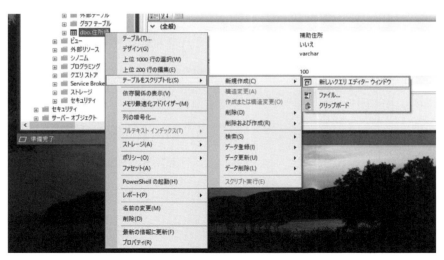

　すると、初めて見るような如何にも何かを作成しているようなウィンドウの表示後、下記のようにテーブル作成時に実際に実行されるコマンド文字列が表示されたタブが、新たにペイン内に表示されます。

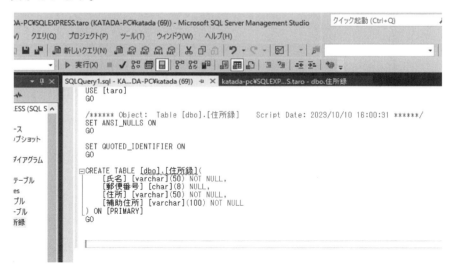

下記は、「付録C」と同様に「メモ帳」にスクリプトを貼り付けたものです。

```
USE［taro］
GO


/****** Object:Table［dbo］.［住所録］        Script Date:2023/10/10 16:00:31 ******/
SET ANSI_NULLS ON
GO


SET QUOTED_IDENTIFIER ON
GO
```

```
CREATE TABLE [dbo].[住所録](
        [氏名] [varchar](50) NOT NULL,
        [郵便番号] [char](8) NULL,
        [住所] [varchar](50) NOT NULL,
        [補助住所] [varchar](100) NOT NULL
) ON [PRIMARY]
GO
```

　スクリプト内の［］（大かっこ）は「大かっこ内文字列は省略可能」、「日本語は大かっこで囲むと潜在的なリスクを回避」などの機能が有ると言われています。私が就労中は付したことが有りませんが、何の問題も無く実行されていました。

　「付録C」と同様にアイコンメニュー「実行（X）」をクリックしましたが、「住所録」テーブルは作成済につき下部「メッセージ」域にエラーが表示されました。（下記参照）

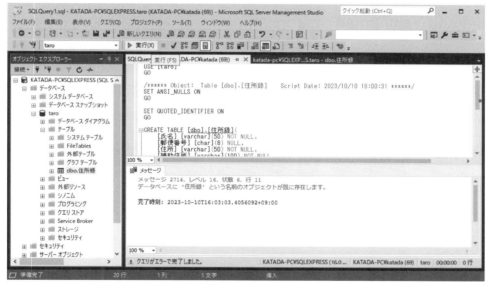

　因みに、SSMSにより自動作成された上記スクリプトをコピー＆ペースト後に最低限必要な文字列のみとし、テーブル名を「住所録テーブル」として作成したスクリプトが下記です。

```
USE taro

CREATE TABLE 住所録テーブル(
        氏名 varchar(50) NOT NULL,
        郵便番号 char(8),
        住所 varchar(50) NOT NULL,
        補助住所 varchar(100) NOT NULL
)
GO
```

そして、このスクリプトをアイコンメニュー「実行（X）」の上部に配置されている「新しいクエリ（N）」のクリックにて新規に開かれた「クエリエディターウィンドウ」に貼り付け、アイコンメニュー「実行（X）」をクリックした結果が下記です。

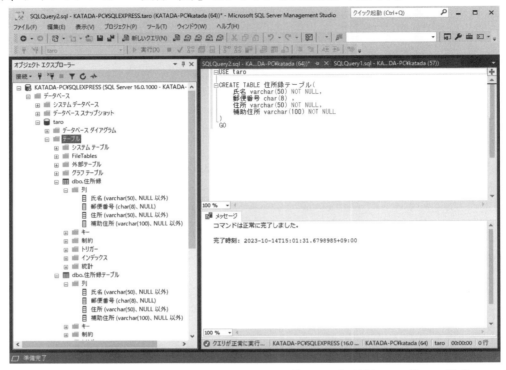

左フレーム内オブジェクトエクスプローラーの「＋dbo.住所録－＋列」の操作、および「＋dbo.住所録テーブル－＋列」操作にて、「住所録」と「住所録テーブル」の各列定義内容が同一であると分かります。

「dbo」は「data base owner」の略ですが、詳細については「ユーザ目線」の範囲を超えていますので割愛させて頂きたく宜しくお願いします。

尚、「住所録テーブル」は以降の利用が有りませんので、マウスにて当該テーブルのポイント後の右クリックメニュー「削除（D）」にて表示される「オブジェクトの削除」ウィンドウの「OK」クリックにて削除します。

皆さんが管理されている住所録のテーブル作成はできましたでしょうか。

続けて、作成されたCSVデータ（私の場合はpersonal_infomation_住所編集後.csv）を作成した「住所録」テーブルに格納しますが、SSMSを終了して一旦休憩しましょう。

手っ取り早くSSMSを終了させるために右上の「×」をクリックすると次頁ウィンドウが表示されました。

第3章 住所録をデータベース化してみる

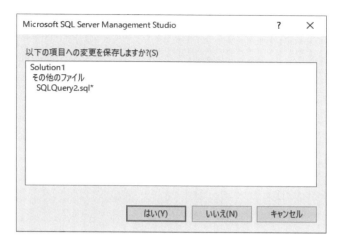

これは先程「住所録テーブル」を作成するスクリプトを実行したため、SSMS 終了に際して作成・実行したスクリプト「SQLQuery2.sql」の保存有無の確認ウィンドウを表示していますが、特段再利用することは有りませんので「いいえ（N）」をクリックして終了します。

3-2-2　住所録データをテーブルに格納

通常、データベースの世界でテーブルにデータを格納する場合は SQL コマンドの「insert」を利用して行いますが、その他の SQL コマンドを含めて次章で基本から取り組み、データベースを操作しているという実感を身につけていきます。

なので、当章冒頭で紹介しているように、取り敢えずより早く手短にデータベースを実感できる最適な素材として選んだ Excel の住所録から作成した CSV データを、前節で作成したテーブルに格納する方法を SSMS の利用にて記載していきます。

「SSMS －＋データベース－＋ taro －＋テーブル」にて作成した「dbo.住所録」を取り敢えず確認後、下記のように「taro」をマウス操作でポイントしておきます。このポイント理由の説明は必要なことですので、いずれ記載しますがポイントしておいて下さい。

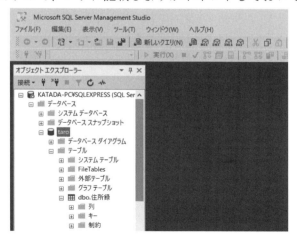

「メモ帳」などのテキストエディタを起動して、下記スクリプトを参照して間違えずにタイプして下さい。「△」は半角空白を表しています。

bulk△insert△住所録△from'D:住所録.csv'with(firstrow=2,fieldterminator=',')

但し、'D:住所録.csv' の記載部分は皆さんが作成格納したCSVデータのドライブ名からファイル名までをタイプして下さい。私のCSVデータ名は長い文字列なので「住所録.csv」と事前に改名しDドライブ直下に格納しています。

次に皆さんが作成した上記スクリプトをコピー後、アイコンメニュー「新しいクエリ(N)」クリックにて新規に開かれた「クエリエディターウィンドウ」内で右クリックメニュー「貼り付け (P)」にて貼り付け、アイコンメニュー「実行 (X)」をクリックした結果が下記です。

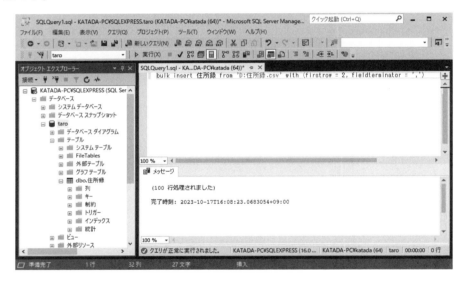

スペルミスが有ると、赤字のエラーメッセージが表示されます。コピペした「クエリエディターウィンドウ」内のスクリプトを直接修正できますので、修正後再度「実行 (X)」のクリックにより、エラーがなくなるまで繰り返します。

私の場合、メッセージタブ内の「(100行処理されました)」で確認できますが、実際のところ本当に格納された状況を確認したいものですよね。ところでデータベースの世界ではテーブル内のデータ数を「行」で数えることにもなっているようです。

そこで、次頁のように「dbo.住所録」の右クリックメニューから「上位1000行の選択(W)」をクリックします。

第3章 住所録をデータベース化してみる

すると、新たな「クエリエディターウィンドウ」内に「上位1000行の選択（W）」クリックに該当するSQLコマンドのスクリプトが表示され、ほぼ同時に下方「結果」タブ内にExcelシートのような表示形式で格納されたテーブル内容が表示されました。（下記参照）

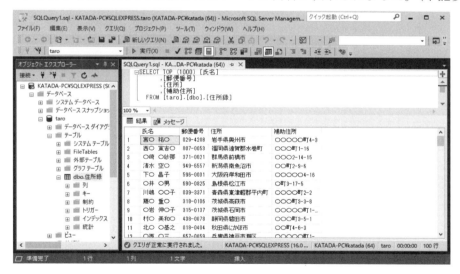

最下段先頭に「クエリが正常に実行されまし……」、右端には「D:住所録.csv」のデータ件数と同一のデータ行数「100行」が表示されていました。

表示されている明細行の内容や、表示順序は「住所録.csv」をメモ帳で開き、同一であることを「結果」タブ内の縦スクロール操作などにより確認することができました。

因みに前節と同様に、「上位1000行の選択（W）」でSSMSにより自動作成されたスクリプトをコピー＆ペースト後に最低限必要な文字列のみとし、大文字は好みで小文字に変更したスクリプトが次頁です。

47

```
   select  氏名
          ,郵便番号
          ,住所
          ,補助住所
   from   住所録
```

そして、このスクリプトを前節同様に新規に開いた「クエリエディターウィンドウ」に貼り付け、アイコンメニュー「実行（X）」をクリックした結果が下記です。

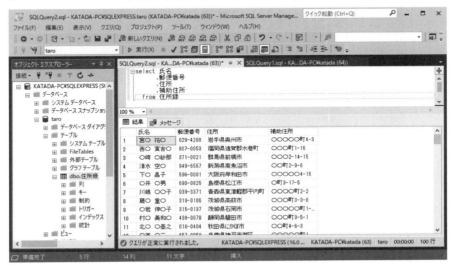

「上位1000行の選択（W）」クリック時と同一結果が、簡素化したSQLコマンド「select」で表示されました。

ここで、「メモ帳」などのテキストエディタで作成した下記スクリプトについての説明です。

```
bulk△insert△住所録△from'D:住所録.csv'with(firstrow=2,fieldterminator=',')
```

このスクリプトは、『カンマ区切りで作成されたDドライブ直下に格納されているCSVデータ「住所録.csv」の2行目以降のデータをテーブル「住所録」に一括追加する』というコマンド文字列を表しています。

以下が若干の補足です。
① bulk△insert：英語の「bulk」は「大部分」「大量の」などの意味がありますが、ここでは「纏めて」、「一括に」の意味として使用し、SQLコマンド「insert」との組み合わせで「一括追加」あるいは「一括挿入」の意味で使用しています。

② with（...）：「bulk△insert」実行時利用オプションを「...」に指定し、複数のオプションを指定する場合は「,（カンマ）」を使用します。

CSV データ「住所録.csv」の 1 行目は項目名称で 2 行目以降がデータとなっていますので「firstrow=2」を指定、項目間区切りに「,」を使用しているので「fieldterminator=',' 」を指定しています。

　今回作成したスクリプト標記内に 3 個の「△」（半角空白）で「bulk insert」コマンド文使用時の各要素を明確に分離していますが、通常は下記のように「△」を多用して要素間を見やすく分かり易くします。

| bulk△insert△住所録△from△'D:住所録.csv'△with(firstrow=2,△fieldterminator=',') |

　ここまでで、取り敢えず当章の標題であり目的であった「住所録をデータベース化してみる」は達成しましたので、右上の「×」をクリックして SSMS を終了します。

　そこで前節終了時と同様に下記ウィンドウが表示されてはいますが、「SQLQuery2.sql」は表示されていません。

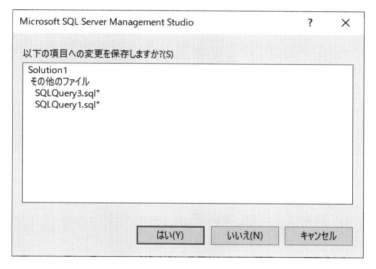

　どうやらこれは、「SQLQuery2.sql」は SSMS が自動作成したスクリプトにつき、保存の有無を確認するものではないとのことで、作成・実行したスクリプトも特段再利用することは有りませんので「いいえ（N）」をクリックして終了します。

　先ほど垣間見た「select」はデータベース初心者が最初に接するコマンドで、その利用方法などを「住所録テーブル」を対象にして他のコマンドも含めて次章で習得、近い将来にSSMS の利用を行わなくてもデータベースを利用するシステムを作っていきましょう。

第4章　select文はSQLの基本

　ここでは、節「1-2　データベースを操作するSQL」で紹介したSQLの種類から、データ操作言語（DML：Data Manipulation Language）の「select：テーブルを検索する」の利用に絞り、「住所録テーブル」を対象に基本から応用までを例示していきます。

　続いて、「insert：行データを挿入する」、「delete：行データを削除する」、「update：行データを更新する」などのコマンドも「住所録テーブル」を更新対象に例示していきます。

　自分なりの「住所録テーブル」を未作成の人は、事前に「付録D　疑似生成サービスからCSVデータを作成」を参照され、第3章の掲載事例に基づいて「住所録テーブル」を作成しておき、自分なりの「住所録テーブル」作成済の人は項目名などは適宜読み替えて下さい。

4-1　SQL文の作成と実行時注意事項

　SQL文あるいはSQLコマンド（以降、SQL文）の作成と実行については、既に前節「3-2-2 住所録データをテーブルに格納」でイメージを掴んで頂けたかと思いますが、自分で一からSQL文を作成・実行される場合、良い悪いは別にして私が常用する方法を示しておきます。

4-1-1　SQL文はテキストエディタを利用

　SQL文を作成するときは「メモ帳」などのテキストエディタを利用し、エラー発生時の一からの書き直し対応を省略します。そして、習得したSQL文を保存、以降での同様なSQL文作成時のコピペにての再利用などに備えておきます。

　ここでは節「3-2-2」で、自動作成されたスクリプトから最低限必要な文字列、大文字は小文字に変更した以下のスクリプトを、「メモ帳」にコピペしてファイル名を「第4章　事例スクリプト」、拡張子は「sql」で任意フォルダーに保存しました。

```
select   氏名
        ,郵便番号
        ,住所
        ,補助住所
  from   住所録
```

尚、SQL文は他の人が見る場合も有るかもしれませんので、以下のように見易く1行に纏めても構いません。見易くするために前後に空白行を挿入しています。

```
select 氏名,郵便番号,住所,補助住所 from 住所録
```

拡張子は「メモ帳」デフォルトの「txt」でも何の問題も有りませんが、敢えて「sql」と

したのは SQL 文が格納されているファイルであることを強調しているだけかもしれません。

4-1-2　アイコンメニュー「新しいクエリ (N)」クリック時注意

作成した SQL 文の実行は節「3-2-2」内で既に実行していましたが、そこでは「SSMS －＋データベース－ taro」にて「taro」をマウス操作でポイントする理由を、いずれ記載するに留めていましたがここで説明させて頂きます。

それはアイコンメニュー「新しいクエリ (N)」をクリックするときの、ポイントされている左フレーム「オブジェクトエクスプローラー」内の場所です。「えっ、それは？」と思われるかもしれませんが、以下事例で納得頂けるものと自負しています。

「SSMS」起動後の「接続 (C)」クリックにて右記「SSMS 初期ウィンドウ」が表示され、データベースエンジン「KATADA-PC¥SQLEXPRESS（SQL Server 16.0.1000-KATADA-VAIO¥katada）」が「オブジェクトエクスプローラー」内では「KATADA-PC¥SQLEXPRESS（SQL Server）」までが活性化表示されています。

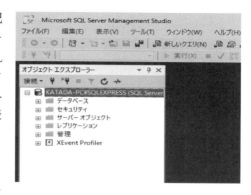

この状態でアイコンメニュー「新しいクエリ (N)」クリックにより開かれた「クエリエディターウィンドウ」内に、前節で「メモ帳」で格納した SQL 文「select 氏名, 郵便番号, 住所, 補助住所 from 住所録」を貼り付けて、アイコンメニュー「実行 (X)」をクリックした結果が下記です。

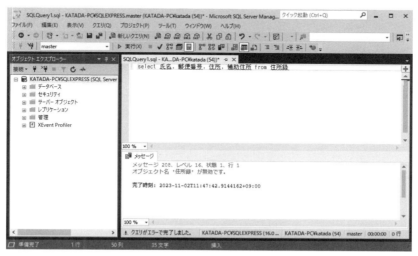

表示された「メッセージ」タブ内には赤字で「オブジェクト名 '住所録' が無効です。」のメッセージが表示され、最下段には「クエリがエラーで完了しました。」と表示されて残念な結果となりました。

右記上部は「SSMS」再起動後の「SSMS初期ウィンドウ」でアイコンメニュー「新しいクエリ(N)」クリックにより開かれた「クエリエディターウィンドウ」のタブをポイントして表示された文言を取得したキャプチャ結果

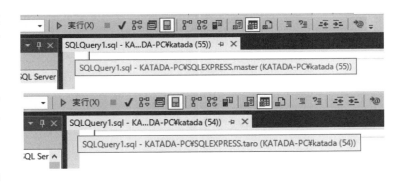

で、下部は「SSMS－＋データベース－＋taro」にて「taro」をマウス操作でポイント後に、アイコンメニュー「新しいクエリ(N)」クリックにより開かれた「クエリエディターウィンドウ」のタブをポイントして表示された文言を同様に取得しました。

　両者を見比べての違いは上部の「master」部分が下部では「taro」となっていることで、下部での「クエリエディターウィンドウ」内に同一SQL文「select 氏名, 郵便番号, 住所, 補助住所 from 住所録」を貼り付け、アイコンメニュー「実行(X)」をクリックした結果が下記です。

「結果」タブ内に「住所録」テーブルの明細が表示され、最下段には「クエリが正常に実行されました。」とテーブル総件数の「100行」が右端に表示されました。

　「住所録」テーブルはデータベース「taro」のテーブルオブジェクトで、「SSMS初期ウィンドウ」が対象としている(いわゆる参照先)カレントデータベースはシステムデータベース「master」でした。

　アイコンメニュー「新しいクエリ(N)」クリックにより「クエリエディターウィンドウ」が開かれた時、アイコンメニュー「実行(X)」の左側にはその時点で参照先となるカレントデータベースが表示されています。

因みに下記は、「SSMS－＋データベース－＋システムデータベース」にて「model」をマウス操作でポイント後に、アイコンメニュー「新しいクエリ（N）」クリックにより開かれた「クエリエディターウィンドウ」のタブをポイントして表示された文言を取得しました。

「＋システムデータベース」による「master」、「model」など4つのデータベースは、SQL Server Express版インストール時に自動作成されたデータベースです。

なので、アイコンメニュー「新しいクエリ（N）」クリック前に、これから実行しようとするSQL文が参照するテーブルオブジェクトが保存されているデータベースを、事前に「オブジェクトエクスプローラー」内でポイント（選択）しておきます。

以降の事例掲載では、アイコンメニュー「新しいクエリ（N）」による作成したSQL文のコピペと、続くアイコンメニュー「実行（X）」のクリックによる実行結果のSSMSのキャプチャ結果はなるべく掲載せずに、作成したSQL文と実行結果（エラーメッセージ）のみとします。

尚、「クエリエディターウィンドウ」タブ内文字列最後の「(54)」などの数字は、アイコンメニュー「新しいクエリ（N）」クリックの都度、「SSMS」が自動採番していると思われますので気にせずに無視しましょう。

4-2　select文基本形

さあ、前節のSQL文「select 氏名, 郵便番号, 住所, 補助住所 from 住所録」の補足説明を最初に行い、以降SQL文を習得していくにあたり、誰もが最初にアタックするselect文の基本形を「住所録」テーブルを対象に進めていきましょう。

4-2-1　単純抽出

SQL文「select 氏名, 郵便番号, 住所, 補助住所 from 住所録」は、『テーブル「住所録」から項目「氏名」「郵便番号」「住所」「補助住所」の順序で抽出（あるいは選択）する』という簡単な英語文で、テーブルから複数の項目を抽出する場合は「,」（カンマ）を区切り項目とします。

尚、当SQL文のselect、fromを「句」と称し、select句、from句などと呼びます。

このselect文ではテーブルの全項目を指定していますので、「select * from 住所録」としても同じ結果が返ってきます。「*」はワイルドカードと言われて様々な分野で使われますが、データベースとりわけ当select文の世界では「テーブルの全項目」という意味になります。

このselect文は、抽出条件も抽出結果の並び順も指定していませんので単純抽出になります。

4-2-2　条件を指定して抽出

テーブルから何かしらの条件に一致するデータ行を抽出する場合は、「where」句を使用します。
　そこで、住所録テーブルから「氏名」が「宮〇　祐〇」と一致するデータ行を抽出してみます。

作成したSQL文は「select 氏名, 郵便番号, 住所, 補助住所 from 住所録 where 氏名 is '宮〇　祐〇'」あるいは「select * from 住所録 where 氏名 is '宮〇　祐〇'」ですが、実行した結果は下記のメッセージが赤字で返されました。

「メッセージ102、レベル15、状態1、行1
'宮〇　祐〇' 付近に不適切な構文があります。」

どうやらエラーとなり、2行目にその原因が示されています。

「SQL Server where」で検索する中で、どうやら文字列を検索するには演算子「like」を使用するとのことで、「select * from 住所録 where 氏名 like '宮〇　祐〇'」で実行した結果が下記です。

次に、ワイルドカード「*」を利用して住所録テーブルから「住所」が「神奈川県」と一致するデータ行を抽出してみようと、SQL文「select * from 住所録 where 住所 like '神奈川県*'」を実行しましたが、「結果」タブに表示されたのは表題の項目名のみで「メッセージ」タブには「(0行処理されました)」が表示されました。

これまた「SQL Server where」で検索する中で、どうやら文字列の一部を検索するワイル

ドカードには「%」を使用するということで「select * from 住所録 where 住所 like '神奈川県%'」で実行した結果が、下記で「メッセージ」タブには「（５行処理されました）」が表示されました。

4-2-3　抽出結果データ行の並び順を指定
テーブルから並び順を指定して抽出する場合は、「order by」句を使用します。

住所録テーブルから「住所」が「神奈川県」と一致するデータ行を「郵便番号」順に抽出するSQL文は、「select * from 住所録 where 住所 like '神奈川県%' order by 郵便番号」となり、実行した結果が下記です。

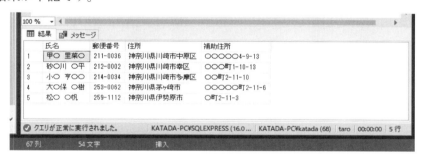

この結果を見るに「郵便番号」の昇順（小→大）となっていますが、この逆順（大→小）に表示結果を変えたい場合は、「desc」句を使用し「select * from 住所録 where 住所 like '神奈川県%' order by 郵便番号 desc」で実行、その結果は下記です。

仮に「select * from 住所録 where 住所 like '神奈川県%' order by desc 郵便番号」と「desc」句の位置が変わっていると次頁のメッセージが返されました。

「メッセージ156、レベル15、状態1、行1
キーワード 'desc' 付近に不適切な構文があります。」

4-2-4 データ行の件数を把握する

select文はデータ行を抽出するだけではなく、データ行の総件数や抽出条件に一致する件数を取得することができ、数値項目を含むテーブルの件数や平均値なども関数を利用して取得することができます。

前節で実行したSQL文「select * from 住所録 where 住所 like '神奈川県%'」を利用して、住所が神奈川県のデータ行数を算出する関数は「count」で、SQL文は「select count（*）from 住所録 where 住所 like '神奈川県%'」となり、実行した結果が下記です。

「count（*）」でも件数を取得することはできますが、項目数が多いテーブルでは目に見えないところでのバックグラウンド処理に掛かる負荷が大きいと言われていますので、ここでは「count（氏名）」が妥当でしょう。

「結果」タブ上に表示された「(列名なし)」が如何なものかと思われる場合は、SQL文を「select count（氏名）as 件数 from 住所録 where 住所 like '神奈川県%'」のように、「as」句を利用して別名「件数」を定義しますが省略も可です（下記参照）。

例えば「年齢」、「年収」などの数値項目を含むテーブル「職員情報」を仮定すると、SQL文「select count（年齢）職員数, avg（年齢）平均年齢, avg（年収）平均年収, sum（年収）年収合計 from 職員情報」により、職員数, 平均年齢, 平均年収, 年収合計が求められます。

データ型が文字列ばかりの「住所録」テーブルを対象にselect文の基本形を進めてきまし

たが、ご自分で文字列以外のデータ型を含むテーブルを作成された場合には、「SQL Server 演算子」や「SQL Server 関数」などで検索されると、多くの事例を目にすることができますので試してみて下さい。

取り敢えず、この節で select 文の基本形なるものについて掴めたものと思いますが如何でしょうか。以下が今回作成し、正常に終了した SQL 文を格納した「第4章　事例スクリプト.sql」です。

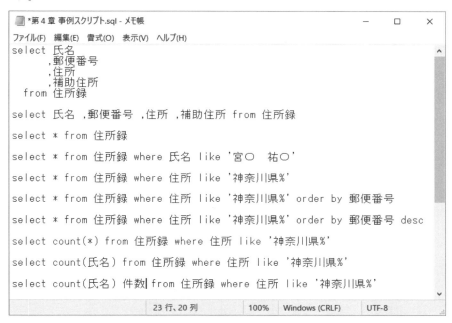

4-2-5　SQL文の実行結果をCSV形式で出力

当節最後の SQL 文事例「select 氏名, 郵便番号, 住所, 補助住所 from 住所録 where 住所 like '神奈川県%' order by 郵便番号 desc」を使って、その実行結果を CSV データにてファイル出力できます。

手順は以下の通りです。実際に行ってみて下さい。
「結果」タブ上の任意の場所をポイント後、右クリックすると、次頁のようにここで選択可能なメニューが表示されます。

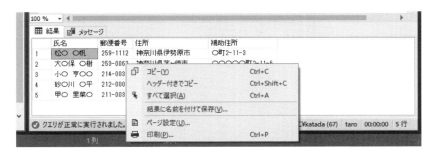

　実行結果のデータ行の全部を出力させますので、表示されたメニューから「すべて選択（A）」をクリックすると、下記のように項目見出しおよびデータ行番号以外の全てのデータ行が薄い青色で塗りつぶしされて、如何にも選択された状態となります。

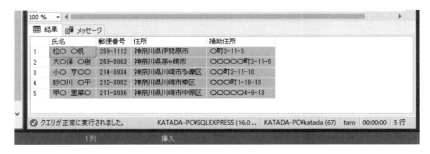

　次に、塗りつぶしされた任意の場所をポイント後の右クリックメニューから、以下のように「結果に名前を付けて保存（V）...」をクリックします。

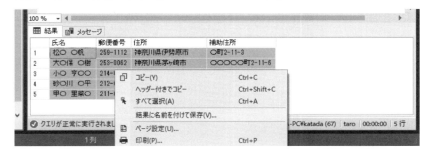

　すると、「グリッドの結果を保存」ウィンドウが表示されますので、「ファイル名（N）:」のテキストボックスに例えば「神奈川県_郵便番号_降順」と入力、「上書き保存（S）」をクリックして終了です。

　次頁が作成された「神奈川県_郵便番号_降順.csv」をWクリックにて開かれたExcelシートです。項目名の追加編集や列幅の適正化などで見栄えを良くし、「ファイルの種類」を「Excel ブック（*.xlsx）」で格納し利用します。

次節は更新系の SQL 文です。当節同様に事例を見ながらチャレンジして下さい。

4-3　SSMS利用でテーブル更新

　Excel で管理している「住所録」に対して、追加 / 変更 / 削除などの更新を行う行わないは別として、作成した「住所録」テーブルの更新を SQL 文の作成と実行にて行い、Excel と同様に行えることを進めていきます。

　その前に、「SSMS の利用でテーブル更新はできないのか」と思われる方もいるのではとの思いと、私自身にもその疑問がないわけでもないので、「SSMS テーブル更新」で検索すると多くのサイトが表示されました。なので、まずはそこから始めてみます。

4-3-1　SSMSの利用でテーブル更新
　早速、「SSMS －＋データベース－＋ taro －＋テーブル」にて表示された「dbo.住所録」の右クリックメニューから、以下のように「上位200行の編集（E）」を選択します。

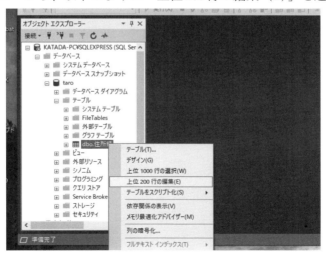

クリックすると、以下のようにオブジェクトエクスプローラーの右側に「住所録」テーブルに登録されているデータ行が Excel シートのように表示されました。

　そこで、ジーッと凝視していても前に進めず、データ行が表示されている最下行枠外の各記号またはアイコンを左から順にポイントすると「最初に移動」、「前に戻る」、「現在の場所」、「項目の総数」、「次に移動」、「最後に移動」の文字列が表示され、今までに見たことがある記号でした。

　但し、以降のポイントにより表示された「新しい行へ移動」（下記参照）、「データの取得の停止」は見たことが無く、「新しい行へ移動」は「行の追加」、「データの取得の停止」は今回のようなデータ行数が100件ばかりではなく、数千件以上のデータ行を有するテーブルを表示させる場合に、全件取得することなく途中で止める（停止させる）ものだと想像しました。

　取り敢えず、「新しい行へ移動」クリックにて今まで表示されていた最下行データ行の次行に、各項目「*NULL*」の文字が表示された行が追加され、最下行枠外に表示されていた「現在の場所／項目の総数」の「1/100」は「101/101」に変更されました。（次頁参照）

　どうやら「新しい行へ移動」アイコンはデータ行の追加と推察できるので、日本語入力モードに切り替えて入力を促されている項目「氏名」に「山田　太郎」を設定し「Tab」キーを押下すると、下記のように項目「郵便番号」の入力待ちと同時に文字列が表示されました。

　文字列から「データベースのコミットとは」で検索すると、「コミットとは、トランザクション（データベースにおける一連の更新処理）が全て正常に完結したという宣言のことである。コミットされた時点で、トランザクションにおける処理が確定されてデータベースが更新される。」と有りました。
　文字列からは「Excelと同じようにセルは変更されたが、データ行の追加処理は終了していない」ということで、残りの項目についても「補助住所」まで下記のように入力してみました。

　この状態での「住所録」テーブルの件数に変化は有るのだろうかと、SQL文「select count（氏名）件数 from 住所録」をアイコンメニュー「新しいクエリ（N）」と「実行（X）」のクリックにて、次頁を取得しましたが件数に変化は有りませんでした。

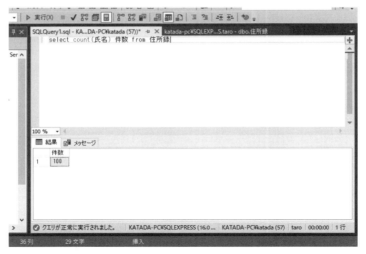

　そこで、クエリエディターウィンドウ上部の末尾が「-dbo.住所録」のタブのクリックでExcelシートのような表示に戻し、「山田　太郎」情報の入力次行をクリックしました。すると、「新しい行へ移動」アイコンをクリックした時と同様に次行が入力待ちとなり、最下行枠外に表示されていた「現在の場所 / 項目の総数」の「101/101」が「102/102」に変更されました。（下記参照）

　そして再度、SQL文「select count（氏名）件数 from 住所録」のクエリエディターウィンドウに戻し、アイコンメニュー「実行（X）」クリックにて件数「101」を取得、コミットされたことが確認でき、「住所録」テーブルに対する「追加」ができました。

　次に、「住所録」テーブルからの「削除」ですが、これは下記のようにExcelと同様に削除したいデータ行をポイント後の右クリックメニューから「削除（D）」をクリックします。

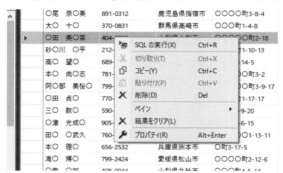

すると、Excel 時の削除ウィンドウとは異なりますが、如何にも SSMS らしい下記の確認ウィンドウが表示されます。

ここで、「はい（Y）」のクリックにて「削除」が確定されます。

最後に、データ行の「変更」も下記のように Excel と同様に変更したいデータ行をポイント後に、変更項目を直接変更します。

ここでは氏名「大〇　安〇」を「小〇　安〇」にします。

「追加」時と同様に他のデータ行をクリックすると「変更」が確定されます。

一応ここまでで、SSMS の利用によるテーブルの更新ができることが確認できました。

4-3-2　SSMSのクエリデザイナーでテーブル更新

前節で「SSMS テーブル更新」で検索した結果の中で、私が興味深いと思えた「クエリデザイナー」というものが有りましたので、この節で紹介してみたいと思います。

事例としては無理矢理の理屈づけと思われますが、「神奈川県居住の青木一郎を住所録に追加したいが、既に登録済かどうかを確認する」というものです。

前節冒頭と同様に、「SSMS －＋データベース－＋ taro －＋テーブル－ dbo.住所録の右ク
リックメニュー」から「上位200行の編集（E）」の選択クリックにてデータ行を表示させます。

　この時に表示されているタブメニューから下記のように「クエリデザイナー－ペイン－
SQL（S）」と順にクリックします。

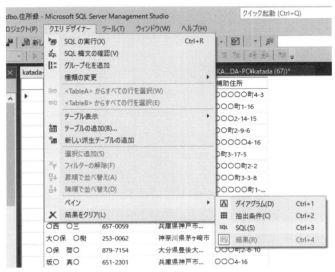

　すると、下記のようにデータ行の表示が下方に押され、上部に「上位200行の編集（E）」
に該当するような SQL 文「SELECT TOP（200）氏名, 郵便番号, 住所, 補助住所 FROM 住所
録」が２行で表示されました。

　SSMS は「SQL Server 専用のデータベース管理 GUI ツール」ということですが、実際に
内部では SQL 文を編集してその実行結果を見やすい形で表示させていると今更ながら実感、
より痛感しました。

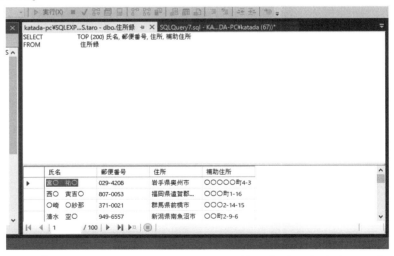

　但し、見た目に「これは如何なものか」とデータ行の表示を多く取るように変更しまし

た。

　ここで特筆すべきことは表示されている SQL 文「SELECT TOP（200）氏名, 郵便番号, 住所, 補助住所 FROM 住所録」を目的とする「神奈川県居住」を表示させることであり、1行目から「TOP（200）」を削除、2行目に「where 住所 like '神奈川県%'」を追記しました。

　削除、追記した SQL 文「SELECT 氏名, 郵便番号, 住所, 補助住所 FROM 住所録 where 住所 like '神奈川県%'」の実行は SQL 文表示上任意の場所での右クリックメニューから「SQL の実行（X）」をクリックします。（下記参照）

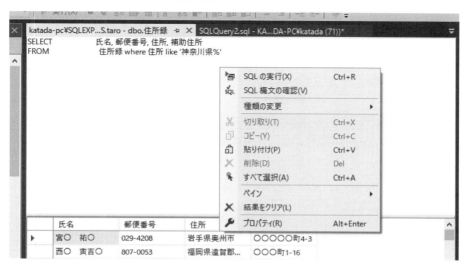

　すると、追記した「where 住所 like '神奈川県%'」が次行に「WHERE（住所 LIKE '神奈川県%'）」で再編集表示され、下方のデータ行の表示が実行結果のデータ行に変化しました。（下記参照）

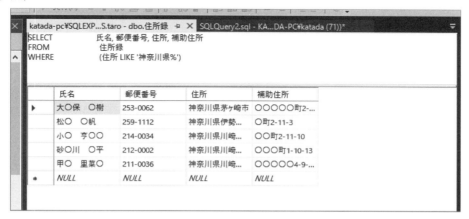

　表示は割愛していますが最下行枠外の「現在の場所 / 項目の総数」は「1/5」です。
　このデータ行表示に対して「青木一郎」を前節「追加」と同様操作にて追加した結果が次頁です。

[スクリーンショット: SELECT 氏名, 郵便番号, 住所, 補助住所 FROM 住所録 WHERE (住所 LIKE '神奈川県%') の実行結果 7件]

これにより最下行枠外の「現在の場所／項目の総数」は「7/7」となっています。

この「クエリデザイナー－ペイン－SQL（S）」の手順により、他のデータ行数が多いテーブルの場合でもSQL文への抽出条件追記によりテーブル更新が可能となります。

この方法、覚えておいて損にはならないと思いませんか。

コラム：アイコン「データの取得の停止」の機能を確認

節「4-3-1」で『記号あるいはアイコン「データの取得の停止」は、数千件以上のデータ行を有するテーブルを表示させる場合に、全件取得することなく途中で止めるものだと想像しました。』と触れたことについて、コラムで紹介させて頂きます。

データ行が数千件以上のテーブル対象に最適なダウンロード可能なCSVデータとして、日本郵便の郵便番号データダウンロードサイトがあります。全国一括のデータ（124,678件）を取得しテーブル「jpn001_郵便番号」を作成しました。件数は取得当時の数値です。

「付録E　郵便番号テーブルの作成手順」に作成経過を取り纏めていますので、興味のある方は参照してみて下さい。但し、当章最終節と第5章を読み進んでからのほうが、理解し易いと思いますよ。

次頁はテーブル「jpn001_郵便番号」を「上位200行の編集（E）」の選択クリックにてデータ行を表示後、前節「4-3-2」の「クエリデザイナー－ペイン－SQL（S）」を実施後に、

1行目から「TOP（200）」を削除し見やすい形にしたものです。

下記は上記SQL文表示上任意の場所での右クリックメニュー「SQLの実行（X）」のクリック直後で、アイコン「データの取得の停止」が活性化された状態を即座にキャプチャした結果です。

さらに次頁は活性化されたアイコン「データの取得の停止」のクリック直後をキャプチャした結果です。

最下行枠外の「現在の場所／項目の総数」は「1/13312」から「1/55552」になっており、「データの取得の停止」アイコンの機能が確認できました。

4-4 更新系SQL文にチャレンジ

前節で寄り道をしましたが、本書の目的「データベース（DB）システムの作成ができる」に立ち返り、作成した「住所録」テーブルに対する追加／削除／更新をSQL文の作成と実行で進めていきます。

4-4-1 insert文でデータ行を追加

データ行を追加する場合のSQLコマンドは「insert」ですが、既に「3-2-2 住所録データをテーブルに格納」で触れ、「bulk insert」により「一括追加」あるいは「一括挿入」の意味合いで利用しています。

Oracle、MySQLなどのデータベースでも同様に大量のデータをテーブルに一括追加するコマンドが有りますが、「bulk insert」はSQL Serverの独自コマンドと思われます。

通常、各データベース共通の「insert」文ではテーブルに追加できるのは1行のみで、SSMSの利用で「住所録」テーブルに追加した「山田　太郎」情報は「insert into 住所録 values（山田　太郎, 123-4567, 石川県金沢市, 銀座町１－２－３）」のSQL文となり、節「4-1 SQL文の作成と実行時注意事項」により実行した結果が次頁です。

第4章　select文はSQLの基本

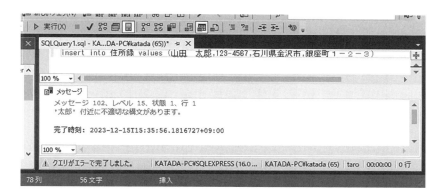

メッセージ「'太郎' 付近に不適切な構文があります。」でエラーとなりました。

　節「4-2-2 条件を指定して抽出」で「select * from 住所録 where 氏名 like '宮○　祐○'」のように日本語は「'」で囲むべきを思いだし「insert into 住所録 values ('山田　太郎', 123-4567,'石川県金沢市','銀座町１－２－３')」での再実行が下記です。

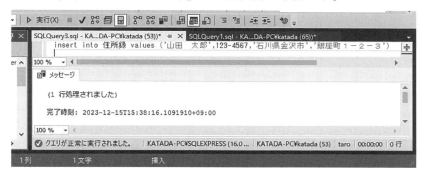

　エラーメッセージも無く、正常終了したみたいなので「山田　太郎」で条件検索した結果が下記です。

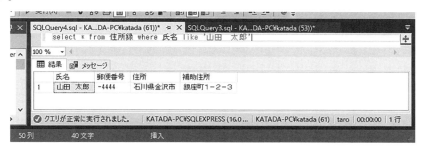

　項目「郵便番号」が何故か「-4444」、暫し考察したら「123-4567 ＝ -4444」でした。

「住所録」テーブルの構成項目は全て文字項目につき、「insert into 住所録 values ('山田　太郎', '123-4567', '石川県金沢市', '銀座町１－２－３')」での再々実行がエラーメッセージ無く、正常終了したみたいなので「山田　太郎」で条件検索した結果が次頁です。

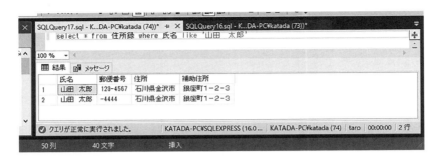

　テーブル項目の文字列は日本語かどうかに因らず、「'」で囲むべきで数値項目の場合は囲まずにということです。

「住所録」テーブルに追加した「山田　太郎」情報は2件となりましたが、次節以降のデータ行の「削除」あるいは「更新」事例用にここでは触れずに進めます。

　尚、「values」句内の項目順序は、節「3-2 住所録テーブルを作成する」での項目登録順となりますが、仮に「values ('石川県金沢市', '銀座町1－2－3', '山田　太郎', '123-4567')」とした場合の「values」句の前は「insert into 住所録（住所, 補助住所, 氏名, 郵便番号）」とします。

　ここまでの「insert」文は「values」句を利用してテーブルを構成する項目の値をキーボードから直接入力するSQL文ですが、他のテーブル情報から「住所録」テーブルにデータ行を追加する事例を以下に紹介します。

　但し、他のテーブルに「住所録」テーブルと同様な項目を管理していることが必須条件となりますが、件数が多い場合などには有効なSQL文となります。

　そこで、「郵便」のみが数字7桁、氏名は「姓」と「名」の2項目で登録され、住所は「都道府県」のみとなっている「同窓会」テーブルを事例紹介用にと、第3章の冒頭部分で紹介している「無料で使えるテストデータ作成サービスまとめ https://sabawaza.net/web-dummydata/」より無理矢理作成しました。（下記参照）

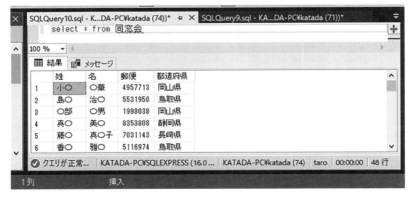

SQL 文の基本形は、
「insert into 追加先テーブル名
　　　select 追加元テーブル項目１,……, 追加元テーブル項目Ｎ from 追加元テーブル」
となります。

「追加元テーブル項目１,……, 追加元テーブル項目Ｎ」は追加先テーブルの項目データ型と同一であり、項目を定義した順も同一が必須ですが、以下事例で示すように演算子、式により編集されていても可能です。

以下が、「同窓会」テーブルから「住所録」テーブルにデータ行を追加する SQL 文です。
「insert into 住所録
　　select 姓＋'　'＋名,
　　　　case 郵便 when 0 then null
　　　　　else　substring(cast(郵便 as char), 1, 3)＋'-'＋
　　　　　　　substring(cast(郵便 as char), 4, 4) end,
　　　都道府県,
　　　'未取得'
　from 同窓会」

上記の SQL 文実行後、SQL 文「select * from 住所録 order by 郵便番号」の結果が下記です。

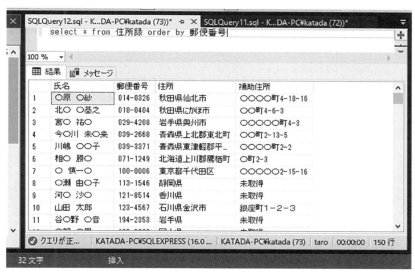

項目「補助住所」に「未取得」が登録されているデータ行が上記 SQL 文で追加され、最下行右端にデータ行総件数「150行」が表示されています。

「select」文内で「同窓会」テーブル内の項目名を含んだ「,」で区切られた文字列と、先の「values」句内の登録データが対応しており、

①「姓＋'　'＋名」内の「＋」は文字列を結合する演算子。
②「case～end」式を利用して、数字項目「郵便」が「0」で登録されていない場合は「null」（何も無いを表す）を設定し、「0」以外は数字項目「郵便」を文字項目に変換後、前3桁と後4桁を「'-'」（ハイフン）で結合。
③項目「都道府県」はそのまま「住所」項目に設定。
④「住所録」テーブルの項目「補助住所」に対応させる項目がないので「'未取得'」を設定。

としています。

何となくイメージが掴んで頂けたかと思いますがどうでしょうか。
この他テーブルからの「insert」文は、DBを利用したシステムの作成では結構多用されているものとなっています。

4-4-2　delete文でデータ行の削除
データ行を削除する場合のSQLコマンドは「delete」で、「delete from テーブル名 where 削除するデータ行条件」が基本形で、「from」句は省略可能ですが美しくないのでお薦めしません。

前節「insert」文の「values」句内で「山田　太郎」の「郵便番号」を「123-4567」で設定したデータ行を削除する場合、「delete from 住所録 where 郵便番号 like '-4444'」ですが、下記では「from」句を省略していました。

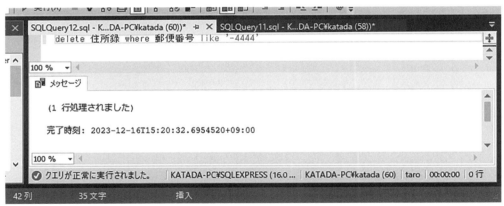

4-4-3　update文でデータ行の更新
データ行を更新する場合のSQLコマンドは「update」で、「update テーブル名 set 更新対象項目＝更新後の値 where 更新するデータ行条件」が基本形で、「from」句は不要で記述するとエラーメッセージが返されます。

前々節で「同窓会」テーブルから「住所録」テーブルにデータ行を追加するときに、項目「補助住所」に無理矢理「'未取得'」を設定しその後に「select」文で表示させたとき、見づ

第4章　select文はSQLの基本

らさを感じませんでしたか。

　なので、文字列「'未取得'」をSQL文「update 住所録 set 補助住所＝' ' where 補助住所 like '未取得'」により、一旦「' '」の半角空白に置き換えてみます。（下記参照）

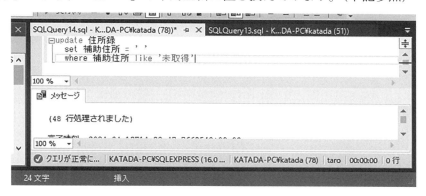

SQL文が横に長くなりそうでしたので見易く改行しました。

　再度、「select」文で表示させてみましたが如何でしょうか。（下記参照）

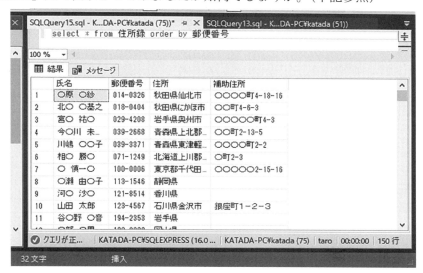

　項目「住所」が都道府県名のみで「補助住所」に何も表示されていないデータ行が「同窓会」テーブルから追加したことが分かり易くなったと思えませんか。

　皆さんの中には、項目「補助住所」を半角空白で置き換えるより、何も無い状態となる「null」での置き換えが効果的ではないかと思われる方もいるのではないでしょうか。
　私も実はそのように思い「' '」を「null」への置き換えを実行に移した結果が次頁です。

73

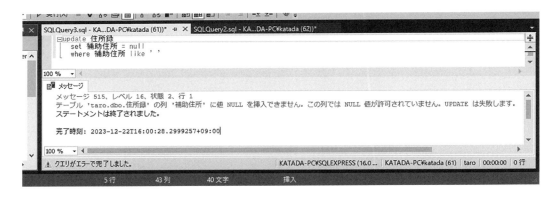

「メッセージ」タブ内のエラーメッセージを目にし、ハッとしました。

節「3-2-1 住所録を格納するテーブルを作成」で null を許容させた項目は、不明の場合を想定して「郵便番号」だけにしていました。

4-5　ここまでのSQL文を一本化

「住所録」テーブルに対する「select」文の作成を「メモ帳」で行い、その実行結果を「SSMS－新しいクエリ（N）－実行（X）」で確認、その後に更新処理をSSMSの利用で行い、そしてSQL文による「追加」、「削除」、「更新」を行ってきました。

当節では、これら機能ごとに編集・実行しながらエラー発生時に修正してきたSQL文を含め、一本化した以下のスクリプト「第4章　一本化事例スクリプト.sql」を作成する方法を紹介し、「DBを利用したシステム開発」を目指すことを目的にしています。

```
create table 住所録(
        氏名 varchar(50) not null,
        郵便番号 char(8),
        住所 varchar(50) not null,
        補助住所 varchar(100) not null
)

bulk insert 住所録 from 'D:住所録.csv' with(firstrow = 2, fieldterminator = ',')

select * from 住所録 where 住所 like '神奈川県%' order by 郵便番号

insert into 住所録 values('山田　太郎',123-4567,'石川県金沢市','銀座町１－２－３')

insert into 住所録 values('山田　太郎','123-4567','石川県金沢市','銀座町１－２－３')

select * from 住所録 where 氏名 like '山田　太郎'
```

```
delete from 住所録 where 郵便番号 like '-4444'

insert into 住所録
   select 姓 + ' ' + 名,
     case 郵便 when 0 then null
       else substring(cast(郵便 as char), 1, 3) + '-' +
         substring(cast(郵便 as char), 4, 4) end,
     都道府県,
     '未取得'
   from 同窓会

update 住所録
   set 補助住所 = ' '
   where 補助住所 like '未取得'

select * from 住所録 order by 郵便番号
```

　取り敢えず、「SSMS －＋データベース－＋ taro」にて「taro」または taro 配下の「テーブル」などをポイント後、アイコンメニュー「新しいクエリ（N）」クリックにより開いた「クエリエディターウィンドウ」に、一本化した上記スクリプト全体をコピペします。（下記参照）

　キャプチャ取得適正化のために、コピペ後ウィンドウ内 SQL 文間の空白行は削除しています。

　コピペ後、１行目の「住所録」に赤色下線が引かれていましたが、アイコンメニュー「実行（X）」をクリックした結果が次頁です。

　どうやら、「住所録」テーブルが既に存在しているところへ、1行目の「create table 住所録」文でのエラーメッセージが返されました。

　この場合、事前に「住所録」テーブルが有れば削除する必要が有り、SSMSでテーブル「dbo.住所録」ポイント後の右クリックメニュー下方の「削除（D）」から対応可能ですが、ここはやはり一本化スクリプト内の最初にテーブル削除のSQL文「drop table 住所録」を挿入して対応します。

　「クエリエディターウィンドウ」内スクリプトの直接編集により、「create table 住所録（」文の前行にテーブル削除SQL文を配置します。すると、先ほど「create table 住所録（」の「住所録」に引かれていた赤色下線が消えました。どうやら、SSMSはエラーを予見していたようです。

　次頁がアイコンメニュー「実行（X）」を再度クリックした結果で、「結果」タブには3本の「select」文結果が表示され、各表の縦スクロールバーの操作で当該「select」文の詳細が表示可能となっており、各表のデータ行をポイントすると最下行右端に当該「select」文のデータ行数が表示されています。

第 4 章　select 文は SQL の基本

また、「メッセージ」タブをクリックすると、一本化スクリプト内の各 SQL 文ごとの処理結果メッセージが表示され、最下行右端に各「select」文データ行数の合計と覚しき件数が表示されています。（下記参照）

ここまでで、一本化したスクリプトをSSMSの利用により実行、エラーが有れば修正して再実行を繰り返すことで、節「2-2 SSMSとは」冒頭の「……開発工程の長期化を防ぐことに繋がり、便利で有効なツールとして重宝できます。」が腑に落ちたのではないでしょうか。

4-6　一本化したスクリプトの都度実行方法

　前節で一本化したスクリプトを不定期に都度実行することは有りませんが、次章以降で紹介する事例では定期的な実行が予想されますので、ここで一本化スクリプトをワンクリックで都度実行する場合の作成方法について記載します。

　一本化スクリプトにSSMSを利用実行した方法に沿って、その機能に代わるコマンドあるいは指示語みたいなものを追記、呪文みたいなツールコマンドでこれを参照、ワンクリックで実行できるように拡張子「bat」を付したバッチファイルを作成すれば出来上がりです。

　また、前節の「メッセージ」タブに出力されたような「実行時ログ」と呼ばれるテキストファイルを同時作成し、仮にエラーとなった場合にその原因を調査・分析し、対応方法を検討する場合などに利用します。

4-6-1　SSMSの機能に代わるコマンドなどを追記する

　まずは、『「SSMS－＋データベース－＋taro」にて「taro」をポイント』部分ですが、これは節「4-1-2」で触れたSQL Serverインストール後の作成済システムデータベース「master」などは利用せず、自ら作成した「taro」データベース利用宣言みたく「use taro」を先頭に追記します。

　そして最終行には「go」を追記しますが、これはSQL文ではなく、これ以前までに記述された一連のSQL文の終了を、SQL Serverのユーティリティに通知するためのSQL Server専用コマンドで、SSMSもSQL Serverのユーティリティの一つです。

「go」については「SQL ServerのGOとは？　必要性と使い方について紹介」（https://ohina.work/post/sql_go/）を参照させて頂きました。
　下記が追記後の「第4章　一本化事例スクリプト.sql」で、Dドライブ直下に格納しました。

```
use taro

drop table 住所録

create table 住所録(
        氏名 varchar(50) not null,
        郵便番号 char(8),
        住所 varchar(50) not null,
```

　　　　　　補助住所 varchar(100) not null
)

bulk insert 住所録 from 'D:住所録.csv' with(firstrow = 2, fieldterminator = ',')

select * from 住所録 where 住所 like '神奈川県%' order by 郵便番号

insert into 住所録 values('山田　太郎',123-4567,'石川県金沢市','銀座町１－２－３')

insert into 住所録 values('山田　太郎',123-4567,'石川県金沢市','銀座町１－２－３')

select * from 住所録 where 氏名 like '山田　太郎'

delete from 住所録 where 郵便番号 like '-4444'

insert into 住所録
　　select 姓 + '　' + 名,
　　　　case 郵便 when 0 then null
　　　　　　else substring(cast(郵便 as char), 1, 3) + '-' +
　　　　　　　　substring(cast(郵便 as char), 4, 4) end,
　　　　都道府県,
　　　　'未取得'
　　from 同窓会

update 住所録
　　set 補助住所 = ' '
　　where 補助住所 like '未取得'

select * from 住所録 order by 郵便番号

go

4-6-2　拡張子「bat」のバッチファイルを作成

まず、「バッチファイル」を初めて耳にされる方もいると思います。

　そこで、「処理の一連の流れを Windows 環境で実行させるために、複数のコマンドを上から順に記述した文字列で構成し、拡張子を bat で作成し文字コードが Shift_JIS のファイル」が Windows 版バッチファイルなるものです。

　メモ帳などのテキストエディタで作成しますが、Windows10 のメモ帳のデフォルトコード

は「UTF-8」ですので、「名前を付けて保存（A)...」時の「文字コード（E):」はドロップダウンリストから「ANSI」を選択してください。「Shift_JIS」（日本規格）と「ANSI」（国際規格）は同じです。

　SSMS に代わって「第4章　一本化事例スクリプト.sql」を実行させる「バッチファイル」を最も簡潔で簡素に記述したのが以下の1行の文字列となり、ファイル名を「住所録作成更新.bat」とし、Dドライブ直下に格納しました。

| sqlcmd/E/S katada-pc¥sqlexpress/i "第4章 一本化事例スクリプト.sql"> 住所録作成更新.log |

　注視すべき文字列は先頭の sqlcmd で、これは当事例のスクリプトファイルなどを実行するための SQL Server のユーティリティの一つで、「コマンドプロンプト」を起動後、SSMS の GUI ツールに対して CUI のコマンドツールとして利用が可能です。

　GUI と CUI については節「2-2　SSMS とは」で触れていますが、SSMS の利用に対応した sqlcmd の利用に興味を持たれた方に向け、当章掲載 SQL 文の全てではありませんが「付録F　コマンドツール sqlcmd の利用」に取り纏めてみました。

　ご自宅の PC でも体験できますので、チャレンジしてみてください。

　sqlcmd 文字列以降は、sqlcmd の実行時に指定するパラメータで、
①「/E」は Windows 認証で SQL Server に接続することを意味しています。
②「/S」に続けて接続先サーバー名（SSMS 起動接続時のサーバー名（S):）を記述。
③「/i」に続けて実行したいスクリプトファイル名を指定します。但しファイル名に空白（半角、全角）を含む場合は「"」で囲みます。
④「>」は実行結果を「コマンドプロンプト」の標準出力先（ディスプレイ）以外でファイルに出力させたい場合のファイル名を指定します。この場合はDドライブ直下に新しく「住所録作成更新.log」名のファイルとして作成する指定をしています。

　尚、パラメータの大文字小文字は厳格で、「/」は「-」としても同じ機能です。

4-6-3　拡張子「bat」のバッチファイルを実行
　実行方法は至極簡単で「住所録作成更新.bat」ファイルをWクリックするだけで、漆黒のウィンドウが一瞬表示されます。

　実行後、Dドライブ直下に作成された「住所録作成更新.log」をポイント後の右クリックメニューから「プログラムから開く（H)>」クリック後に「メモ帳」を表示、選択した結果が下記です。

| メッセージ102、レベル15、状態 1、サーバー katada-pc¥SQLEXPRESS、行16
'遏ゥ蟾晉恬驥第イ' 付近に不適切な構文があります。
メッセージ102、レベル15、状態 1、サーバー katada-pc¥SQLEXPRESS、行22 |

```
,
insert into 菴乗園骭ｲ
    select 蟋･+' 付近に不適切な構文があります。
メッセージ105、レベル15、状態 1、サーバー katada-pc¥SQLEXPRESS、行35
文字列 '譜ｪ蜿門ｾ･

select * from 菴乗園骭ｲ order by 驛ｵ萓ｿ逶ｪ蜿ｷ

go
' の後で引用符が閉じていません。
メッセージ 102、レベル 15、状態 1、サーバー katada-pc¥SQLEXPRESS、行35
'譜ｪ蜿門ｾ･

select * from 菴乗園骭ｲ order by 驛ｵ萓ｿ逶ｪ蜿ｷ

go
' 付近に不適切な構文があります。
```

どう見てもエラーで、全く不明な文字列が表示されています。

前節冒頭の「拡張子を bat で作成し文字コードが Shift_JIS のファイル」に「ハッ」とし、D ドライブ直下に格納した「第 4 章　一本化事例スクリプト.sql」を「メモ帳」で開き、最下段「ステータスバー」の右端を見るに「UTF-8」の文字列でした。
「ステータスバー」非表示の場合は、メニューバー「表示（V）」クリック後の「ステータスバー（S）」クリックにて表示されます。

早速、「ファイル（F）」－「名前を付けて保存（A)...」選択で表示された「名前を付けて保存」ウィンドウ内「文字コード（E）:」のドロップダウンリストから「ANSI」を選択、上書き保存しました。

そして再度、「住所録作成更新.bat」をＷクリック後、「住所録作成更新.log」を「メモ帳」で開いた結果が次頁ですが、3 本の「select」文の実行結果も正常に出力されているため、横に長く縦にも長いテキストファイルとなっています。

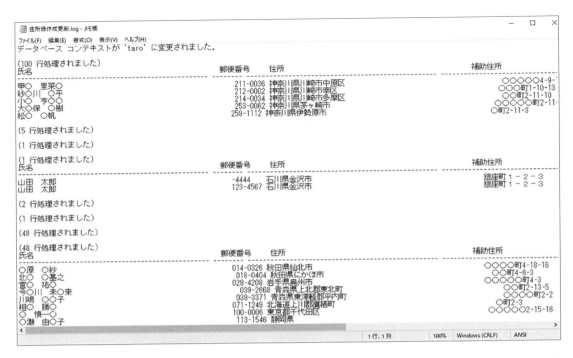

「実行時ログ」を処理がエラー時のみに参照することを目的とするならば、「第4章　一本化事例スクリプト.sql」内の3本の「select」文の実行結果は不要につき、当該SQL文は取り敢えず削除せず「--select *〜」のように先頭に「--」（2つのハイフン）を付して無効化しておきます。

「--」は注釈（コメント）としても利用できますので、複雑なSQL文を利用したスクリプトを作成者以外が参照する場合に共有し易くなります。また、複数行をコメント化する場合は「/*」行と「*/」行で囲みますが、仮に「*/」の2文字がSQL文中に有る場合は「*/*/」とするそうです。

以下が「--select *〜」とした実行結果「住所録作成更新.log」ですが如何でしょうか。

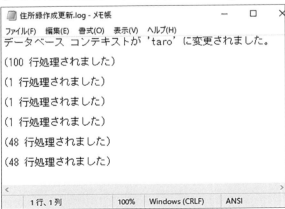

随分スッキリとなりましたが、何か物足りなさを感じます。SQL Server に処理日時を算出する関数「getdate（）」が有りますので、「第4章　一本化事例スクリプト.sql」の先頭行に「select getdate（）開始」を、最終行に「select getdate（）終了」を追記し再実行しました。

以下がその実行結果「住所録作成更新.log」ですが如何でしょうか。

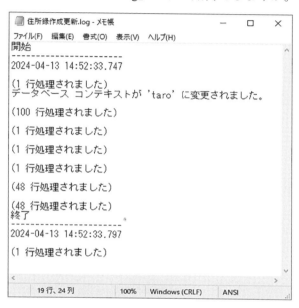

以上、自宅パソコンで DB を利用したシステムが作成できることを、一連の流れにより何となく掴むことができたのではないでしょうか。

当章で取り纏めた「第4章　一本化事例スクリプト.sql」とこれを実行させるバッチファイル「住所録作成更新.bat」の作成方法を元に、第1章で紹介した生活に便利な利用事例の作成方法などを次章で記載していきます。

第5章　ダウンロードデータのテーブル化手順

　第1章で紹介した生活に便利な利用事例のうち、普通預金の通帳履歴テーブルの作成方法と、作成したテーブルを利用し易いように加工編集する方法について記載していきます。

　通帳履歴事例は東海労働金庫のインターネットバンキング（IB）サイトから取得していますが、以降の説明でポイントとなる部分をサイトキャプチャでの紹介に留めておきたいと思います。

　東海労金以外の労金でIB契約をされている方は当章記載のスクリプトなどはそのまま利用できますが、労金以外でIB契約をされている方はダウンロードするCSVデータの仕様も異なりますので、以降の操作やスクリプト作成などにはそれなりの工夫が発生します。

　但し、1行目が項目名称、2行目以降がデータという一般的なCSVデータの仕様となっている場合は、読み替え等の対応で可能と思われますが、1行目から口座名義人などの固有情報が格納されている場合は、次章「第6章　SQL拡張型言語でプログラミング」が参考になります。

　この章の進め方をどのような形にすればと試行錯誤しましたが、前章で「第4章　一本化事例スクリプト.sql」とこれを実行させるバッチファイル「住所録作成更新.bat」の作成方法を記載していますので、これらを踏襲しその延長線上と位置づけて進めるのが妥当と判断しました。

5-1　CSVデータのダウンロード

　労金IBから普通預金の通帳履歴を取得する場合は、ログイン後の入出金明細照会ページ内の「紹介条件の変更」で「明細保管サービス」を選択して行います。
　下記が選択後に掲載されている「明細保管サービスとは」の説明です。

明細保管サービスとは

［普通預金・貯蓄預金］および［カードローン］の入出金明細を**最大15ヶ月分**保管するサービスです。

- 対象科目　　　　　：普通預金・貯蓄預金、カードローン
- 保管期間　　　　　：最大15ヶ月
- 明細保管タイミング：翌日
　　　　　　　　　　（当日分のお取引は、翌日に明細保管サービスへ保管します。）
　　　　　　　　　　（当日分のお取引を当日に確認する場合は、リアルタイム明細照会をご利用ください。）

※明細保管サービスは、［利用設定］メニューの［明細保管サービスの利用設定］から申込みができます。

上記説明下方の「照会期間」では常に「全期間」を選択、「照会する」ボタンをクリック後に、表示された入出金明細の最下段枠外に表示されている右記ボタンをクリック、表示された「ダウンロード」ウィンドウ内の
「名前を付けて...」を選択後、「名前を付けて保存」ウィンドウで保存先フォルダーとファイル名を指定して保存します。

　労金以外の IB サイト内でもダウンロード CSV データについての説明書きが表示されていると思いますが、「明細保管サービス」で「全期間」を指定した場合には、ログイン前日から過去15カ月間の入出金がダウンロードされますが、IB 契約日との兼ね合いも確か有りました。

　そこで注意すべきは、常に「全期間」指定で取得しているため「通帳履歴の取得を目的にした前回ログインをいつ頃に行ったか」で、キッチリ15カ月ごとに履歴取得することは余程のことが無い限り、非凡な人でないと到底できるものではありません。

　なので、前回取得日が２カ月、３カ月前であろうとなかろうと、通帳履歴をテーブル化した場合に全く同じ通帳履歴が有ることを避けなければ便利とは言えず、これへの対応が必要になることを考慮しなければなりません。

5-2　拡張子と機能単位に振り分けた効率的フォルダー構成

　これまで、「住所録」テーブルの原データ「住所録.csv」、これを参照するスクリプト「第４章　一本化事例スクリプト.sql」や実行させるバッチファイル「住所録作成更新.bat」と実行時ログ「住所録作成更新.log」の保存先は、全て D ドライブ直下としていました。

　当章以降で、様々なダウンロード可能な CSV データを取得してテーブル化を行いながら、生活に便利なツールを作成していくに際し、上記のように拡張子が異なるファイルを一括して D ドライブ直下には保存せず、新たなフォルダーに拡張子ごとのサブフォルダーを作成、保存します。

　また、第４章の一本化スクリプトは各 SQL 文の機能を取り纏めた結果となっていますが、その機能は「create table」のテーブル定義、「bulk insert」のデータ行一括追加、「insert、delete、update」によるテーブル更新でしたが、機能ごとに分割したサブフォルダーを作成、保存しておきます。

　これらによる整理されたフォルダー構成は見易いものとなり、CSV データの仕様が変更されたり、予期しない異常終了となった場合などに、まず何を検証すべきか、どこを修正すべきかとか、あるいは以前作成したテーブル構成と似たようなテーブルを作成するときなどに非常に効果的となります。

そこで、私の経験を含めて以下のようなフォルダー構成を提案させて頂きます。

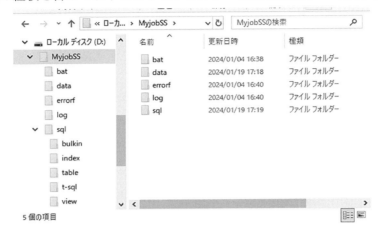

以下の表は、上図フォルダーごとの保存対象の補足説明です。

フォルダー名	補足説明
D:MyjobSS	「私の仕事SQL Server」の略としました。
｜－bat	バッチファイル
｜－data	ダウンロードデータや出力データなど
｜－errorf	bulk insert 時のエラー情報
｜－log	実行時ログ
｜－sql	SQL スクリプト
｜－bulkin	bulk insert 文を含む SQL スクリプト
｜－index	主キーや索引作成用 SQL スクリプト
｜－table	テーブル定義用 SQL スクリプト
｜－t-sql	プログラミング SQL スクリプト
｜－view	仮想表作成 SQL スクリプト

「補足説明」の文言だけでは分かりづらいと思われますが、以降の記載事例などにより「あぁ、成る程」と明らかになっていくでしょう。

　尚、ここでは複数の「SQL 文」で目的に沿って構成されたものを「SQL スクリプト」と称します。

5-3　通帳履歴テーブルを作成するSQLスクリプト

　ここで取り扱う CSV データは、1 行目が項目名称、2 行目以降がデータという一般的な仕様となり、各項目が全て「"」（ダブルクォーテーション）で囲まれ、次頁にテキストエディタ「メモ帳」で開いた 1 行目から数行を掲載しています。

第5章　ダウンロードデータのテーブル化手順

取得日が2024年1月22日ですので「明細保管サービスとは」の説明書きより、過去最大15カ月分となっていますので、この日は2022年11月3日が15カ月前となっています。

ファイル名「fut001_w通帳取込履歴.csv」はダウンロード時の指定ファイル名ですが、私なりの命名規則で「fut」は普通預金で「001」は最初に取り組んだ意味合いを込めています。

そして、「w通帳取込履歴.csv」は取り敢えず取り込んだ一時作業用（working）の通帳履歴データとの意味合いを込め、「_」（半角下線）で繋げて前節のフォルダールールに従い「D:¥MyjobSS¥data」に格納しておきます。

注意すべき節「5-1　CSVデータのダウンロード」末尾記載内容への対応を含め、ダウンロードCSVデータで一時作業用テーブル作成後、全く同じ通帳履歴を避ける処理を行うスクリプト作成が、当節のポイントとなりますので順序立てて記載していきます。

5-3-1　ダウンロードCSVデータのテーブル定義

以下はダウンロードファイル「fut001_w通帳取込履歴.csv」のテーブル定義スクリプトで、CSVデータそのものを先ずはテーブル化させます。

CSVデータの中身を見ると、項目「番号」は3桁の数字で、それ以外の日付項目には「年月日」の文字が挿入されており、金額項目の先頭に「¥」や3桁の数字ごとに「,」が挿入されていることから可変長文字列として定義して問題ないと思います。

```
01 use taro
02 drop table if exists fut001_w通帳取込履歴;
03 create table fut001_w通帳取込履歴(
04 番号            smallint,
05 明細区分        varchar(8),
06 取扱日付        varchar(16),
07 起算日          varchar(16),
08 お支払金額      varchar(16),
09 お預り金額      varchar(16),
10 小切手          varchar(8),
11 取引区分        varchar(16),
```

```
12 残高        varchar(16),
13 摘要        varchar(48),
14 メモ        varchar(48));
15
16 go
17 exit
```

以降の掲載スクリプトも同様ですが、説明用に「行番号数字2桁」と「半角空白1桁」を先頭に付し、それ以降が実際のスクリプト文字列としています。

「第4章　一本化事例スクリプト.sql」と見比べながらの補足となりますが、
①02行で「if exists」（もしも在ったら）が付加されていますが、「drop table」文実行時に削除対象テーブルが無い場合にエラーで異常終了するため、回避策として多用しています。
②02行と14行のように以降、前後のSQL文との区分けを行いやすくしたり、複数行に亘るSQL文も有るため「;」（セミコロン）をSQL文末に付すようにしています。
③04行で項目「番号」のデータ型を「smallint」としています。
　SQL Serverで数字項目を定義する場合、予想桁数に応じて以下のように設定します。

数字桁数	データ型
2桁以下の整数	tinyint
3桁以上4桁以下の整数	smallint
5桁以上9桁以下の整数	int
10桁以上18桁以下の整数	bigint
r：全体の桁数、s：小数点以下の桁数	numeric（r, s）

④05行から14行までの文字列桁数はそれぞれ想定される最大桁数を設定しておき、一括追加時に桁不足で異常終了時に見直すこととし、項目「明細区分」を含めて桁数を決めかねる項目については多めの桁数を設定しておきます。
　可変長文字列指定では、その項目が何も無い状態（null）でのデータ量は確保されません。
⑤16行の「go」で直前までの一連のSQL文の終了を、SQL Serverユーティリティへの通知により実行を開始します。
⑥17行の「exit」でOS（オペレーティングシステム：ここではWindows10）に制御を戻しますので、以降に何が記述されていてもコメント扱いになるためメモ代わりにしています。
⑦01から16行までの先頭3桁以降をコピペ後、「SSMS－新しいクエリ（N）－実行（X）」で正常処理を確認したら最終行に「exit」を追記後、スクリプトファイル名「fut001_w通帳取込履歴.sql」にて節「5-2」で作成したフォルダー「D:¥MyjobSS¥sql¥table」に格納しておきます。

以上で、ダウンロードファイル「fut001_w通帳取込履歴.csv」のテーブル定義スクリプトが作成できました。

5-3-2　本来の通帳履歴のテーブル定義

「fut001_w通帳取込履歴」のテーブル定義では、第1章の事例に有るような日付や金額などの項目を演算対象とした集計等は可変長文字列につき不可のため、それぞれの項目に対応するデータ型に変換した本来のテーブル定義を別途作成して累積管理することになります。

以下が本来のテーブル「fut001_通帳履歴」の定義となりますが、「fut001_w通帳取込履歴」のテーブル定義から「明細区分」、「起算日」、「小切手」、「メモ」の4項目は、不要と判断し削除しましたが、労金でIB契約をされている方で必要とされる場合は別途対応願います。

```
01 use taro
02 drop table if exists fut001_通帳履歴;
03 create table fut001_通帳履歴(
04 番号          smallint,
05 取扱日付      date,
06 出金額        int,
07 入金額        int,
08 取引区分      varchar(16),
09 残高          int,
10 摘要          varchar(48));
11
12 go
13 exit
```

①05行で「取扱日付」のデータ型は「date」で、日付に関わる各種関数の利用が可能となります。

②06、07、09行は金額で、生活実態から「smallint」はないだろうが「bigint」では当然あり得ないので、「int」としました。

③前節⑦同様に、01から12行までの先頭3桁以降をコピペ後、「SSMS－新しいクエリ（N）－実行（X）」で正常処理を確認したら最終行に「exit」を追記後、スクリプトファイル名「fut001_通帳履歴.sql」にてフォルダー「D:¥MyjobSS¥sql¥table」に格納しておきます。

以下を見るに、確かに2つのテーブルが作成されたことが分かります。

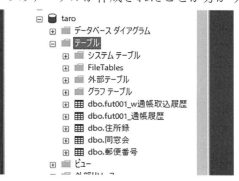

5-3-3　ファイル「fut001_w通帳取込履歴.csv」のテーブル一括追加

「第4章　一本化事例スクリプト.sql」と見比べれば、次は「bulk insert」コマンドによるテーブル「fut001_w通帳取込履歴」への一括追加で、取り敢えずテーブル名とCSVデータの格納フォルダーと名称を変更して以下のように記述してみます。

> bulk insert fut001_w通帳取込履歴 from 'D:¥MyjobSS¥data¥fut001_w通帳取込履歴.csv'
> with (firstrow = 2, fieldterminator = ',')

上記では表示の都合上、2行となっていますが実際には長い1行です。

長い1行をコピペ後、テーブル定義と同様に「SSMS－新しいクエリ（N）－実行（X）」を行った結果、下方「メッセージ」タブが赤色のエラーメッセージで埋められました。
　下記がメッセージのみをコピペし、表内に収まるようにサイズ変更したものです。

```
メッセージ 4864、レベル 16、状態 1、行 1
行 2、列 1 (番号) の一括読み込みデータ変換エラー(型の不一致または指定されたコードページでは無効な文字)。
メッセージ 4864、レベル 16、状態 1、行 1
行 3、列 1 (番号) の一括読み込みデータ変換エラー(型の不一致または指定されたコードページでは無効な文字)。
メッセージ 4864、レベル 16、状態 1、行 1
行 4、列 1 (番号) の一括読み込みデータ変換エラー(型の不一致または指定されたコードページでは無効な文字)。
メッセージ 4864、レベル 16、状態 1、行 1
行 5、列 1 (番号) の一括読み込みデータ変換エラー(型の不一致または指定されたコードページでは無効な文字)。
メッセージ 4864、レベル 16、状態 1、行 1
行 6、列 1 (番号) の一括読み込みデータ変換エラー(型の不一致または指定されたコードページでは無効な文字)。
メッセージ 4864、レベル 16、状態 1、行 1
行 7、列 1 (番号) の一括読み込みデータ変換エラー(型の不一致または指定されたコードページでは無効な文字)。
メッセージ 4864、レベル 16、状態 1、行 1
行 8、列 1 (番号) の一括読み込みデータ変換エラー(型の不一致または指定されたコードページでは無効な文字)。
メッセージ 4864、レベル 16、状態 1、行 1
行 9、列 1 (番号) の一括読み込みデータ変換エラー(型の不一致または指定されたコードページでは無効な文字)。
メッセージ 4864、レベル 16、状態 1、行 1
行 10、列 1 (番号) の一括読み込みデータ変換エラー(型の不一致または指定されたコードページでは無効な文字)。
メッセージ 4864、レベル 16、状態 1、行 1
行 11、列 1 (番号) の一括読み込みデータ変換エラー(型の不一致または指定されたコードページでは無効な文字)。
メッセージ 4864、レベル 16、状態 1、行 1
行 12、列 1 (番号) の一括読み込みデータ変換エラー(型の不一致または指定されたコードページでは無効な文字)。
メッセージ 4865、レベル 16、状態 1、行 1
エラーの最大数(10) を超えたので、一括読み込みできません。
メッセージ 7399、レベル 16、状態 1、行 1
リンク サーバー "(null)" の OLE DB プロバイダー "BULK" により、エラーがレポートされました。プロバイダーからエラーに関する情報を取得できませんでした。
メッセージ 7330、レベル 16、状態 2、行 1
リンク サーバー "(null)" の OLE DB プロバイダー "BULK" から行をフェッチできません。

完了時刻: 2024-01-24T11:17:22.8986500+09:00
```

上記メッセージを眺めるに、下から8行目の「エラーの最大数（10）を超えたので、一括読み込みできません。」には愕然としか言いようがないですが、取り敢えず各行先頭に多く出現している「メッセージ4864」にてネット検索しました。

表示された検索結果を上から順に拝見させて頂きましたが、中々成る程と思えるものが見つけられませんでした。しかし「項目がダブルクォーテーションで囲まれている」に目が留まるページに「SQL Server が2017以降のバージョンであれば、FORMAT = 'CSV' を指定すれば取込みが可能です。」を見つけました。

　早速その事例に基づき、長い1行の「with」句内に「, format = 'csv'」を追記してコピペ後、「SSMS －新しいクエリ（N）－実行（X）」を行った結果が下記です。

　「メッセージ」タブ内の「(188 行処理されました)」を確認するために「select * from fut001_w通帳取込履歴」を行った結果が下記です。

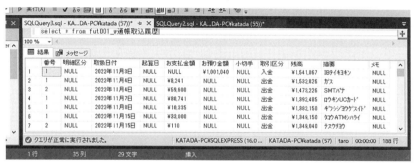

　テーブル内容の見た目も正常で、枠外右端には「188行」が確認できました。
　因みに目が留まったサイトは「SQL Server で BULK INSERT をつかって csv などのデータを取込む方法」（https://qiita.com/fuk101/items/d98716a48d69d5c7f1a7）です。

　以前、当サイト後半に記載されている「FORMAT オプションを使用せずに取込む際は少し大変です。」を経験し、「固定長のテキストファイルの場合は、フォーマットファイルを使用して取込む必要があり、ひと手間かかります。」とあるので、記載中のフォーマットファイルを作成し、ダブルクォーテーションで囲み CSV データに取り組みました。
　早くこのサイトに気付いていればと悔やまれましたが、「FORMAT = 'CSV'」は流石に便利です。

　フォーマットファイルに興味を持たれた方は、「付録G　フォーマットファイルについて」を覗いてみてください。

尚、「with」句内に「format = 'csv'」を追記した結果、「fieldterminator = ','」は不要なのではと「with（firstrow = 2, format = 'csv'）」とし、「SSMS－新しいクエリ（N）－実行（X）」を行いましたが同じ結果となり、以降、一般的なCSVデータ仕様へはこの対応が可能と思われます。

　前節と同様に「bulk insert」文を含むスクリプトファイルも作成しますが、「SSMS－新しいクエリ（N）－実行（X）」でのエラー発生時のメッセージ返しに対応させて、「with」句内に「errorfile = 'D:\MyjobSS\errorf\fut001_w通帳取込履歴.txt'」を追記しておきます。（下記参照）

```
01 use taro
02 select getdate () 開始;
03 bulk insert fut001_w通帳取込履歴 from 'D:\MyjobSS\data\fut001_w通帳取込履歴.csv'
   with (firstrow = 2, format = 'csv', errorfile = 'D:\MyjobSS\errorf\fut001_w通帳取込履歴.txt');
04 select getdate () 終了;
05
06 go
07 exit
```

①02、04行の「select getdate ()」はこの「select」文実行時時点の日時を「2024-01-24 14:07:38.297」のように返しますので、CSVデータ件数が大量にある場合などに処理時間が把握できると共に、ログに残りますので証跡としての利用もできます。

②前節同様に、01から06行までの先頭3桁以降をコピペ後、「SSMS－新しいクエリ（N）－実行（X）」で正常処理を確認したら最終行に「exit」を追記後、スクリプトファイル名「fut001_w通帳取込履歴.sql」にてフォルダー「D:\MyjobSS\sql\bulkin」に格納しておきます。

　仮に「bulk insert」文でエラーが発生した場合、「D:\MyjobSS\errorf」フォルダーに「fut001_w通帳取込履歴.txt」、「fut001_w通帳取込履歴.txt.Error.Txt」のファイルが作成されます。

　「fut001_w通帳取込履歴.txt」にエラー発生対象のCSVデータが、「fut001_w通帳取込履歴.txt.Error.Txt」にはそのエラーコードなどが格納されています。

　尚、バッチファイル「住所録作成更新.bat」と同様に、作成しているスクリプトを実行させるバッチファイル内で実行結果を出力するログには、「SSMS－新しいクエリ（N）－実行（X）」でエラー発生時に出力された下方「メッセージ」タブ内エラーメッセージも出力されます。

5-3-4　テーブル「fut001_w通帳取込履歴」から「fut001_通帳履歴」へ

　いよいよ「前回取得日が2カ月、3カ月前であろうとなかろうと、……」への対応ですが、前回取得日が15カ月以上前では通帳履歴に穴が空いてしまいますので、例えば年の初

めぐらいには必ず取得するようにしたいものです。

以下が取得したCSVデータをテーブル化した「fut001_w通帳取込履歴」を通帳履歴本来のテーブル「fut001_通帳履歴」へ反映させるスクリプトとなります。

このスクリプトの機能は、以下の3つです。
機能1：本来の累積管理テーブル「fut001_通帳履歴」と同一仕様の作業用テーブル定義「fut001_w通帳履歴」を作成する。
機能2：テーブル「fut001_w通帳取込履歴」から必要な項目を選択、必要な変換を行い「fut001_w通帳履歴」に追加する。
機能3：テーブル「fut001_通帳履歴」の項目「取扱日付/番号」と「fut001_w通帳履歴」の項目「取扱日付/番号」を比較し、一致していない「fut001_w通帳履歴」の行データを「fut001_通帳履歴」に追加する。

```
01 use taro
02 select getdate() 開始;
03 drop table if exists fut001_w通帳履歴;
04 create table fut001_w通帳履歴(
05   番号           smallint,
06   取扱日付       date,
07   出金額         int,
08   入金額         int,
09   取引区分       varchar(16),
10   残高           int,
11   摘要           varchar(48));
12
13 insert into fut001_w通帳履歴
14 select 番号, dbo.f_vcd2d(取扱日付),
15        cast(replace(replace(お支払金額,',',''),'¥','') as int),
16        cast(replace(replace(お預り金額,',',''),'¥','') as int),
17        取引区分,
18        cast(replace(replace(残高,',',''),'¥','') as int),
19        摘要
20   from fut001_w通帳取込履歴;
21
22 select count(*) 更新前件数 from fut001_通帳履歴;
23
24 insert into fut001_通帳履歴
25   select a.* from fut001_w通帳履歴 a
26     left outer join fut001_通帳履歴 b
27       on a.取扱日付 = b.取扱日付 and a.番号 = b.番号
```

```
28        where b.取扱日付 is null;
29
30 select count(*) 更新後件数 from fut001_通帳履歴;
31 select getdate() 終了;
32
33 go
34 exit
```

①03から11行が機能1に該当します。
②13から20行が機能2に該当します。
　「第4章　一本化事例スクリプト.sql」と見比べれば、テーブル「同窓会」の項目を編集しながら「住所録」テーブルへの追加と同様です。
③14行の dbo.f_vcd2d（取扱日付）は、項目「取扱日付」の「yyyy 年 mm 月 dd 日」表記をデータ型「date」に変換して返すユーザー定義関数「f_vcd2d」を利用しています。「getdate()」のように SQL Server で用意されている（システムまたはビルトイン）関数と異なり、詳細を「付録H　ユーザー定義関数：f_vcd2d」で記載しています。
④15、16、18行はシステム関数「replace」で3桁の数字ごとの「,」文字を「''」に置き換えることで削除、さらに外側の「replace」で金額項目先頭の「'¥'」文字を同様に削除して数字のみの文字列とし、システム関数「cast」でデータ型を「int」に変換しています。
⑤24から28行が機能3に該当します。
　初めて見る SQL 文ですが「第4章　一本化事例スクリプト.sql」と見比べれば、26から28行までの条件が追加された形となっています。
　小文字の「a」、「b」はそれぞれテーブル「fut001_w通帳履歴」と「fut001_通帳履歴」の別名で、この SQL 文内でのみ有効で煩雑な標記を簡略化し、「a.取扱日付」はテーブル「fut001_w通帳履歴」の「取扱日付」を表し、「a.*」はテーブル「fut001_w通帳履歴」の全項目を表します。
⑥26から28行が機能3の追加条件で、「left outer join」は左テーブル「fut001_w通帳履歴」の行データすべてと、結合条件にマッチする右テーブル「fut001_通帳履歴」の行データを返しますが、「where b.取扱日付 is null」は「fut001_通帳履歴」の「取扱日付」が「null」ということは「fut001_通帳履歴」に無い行データを指しています。
　中々理解しにくい所ですが、「left outer join」で検索されると様々な事例により、分かり易くなると思います。
⑦22行で本来テーブルの更新前件数を取得、30行で更新後件数を取得しています。
⑧前節同様に、01から33行までの先頭3桁以降をコピペ後、「SSMS－新しいクエリ(N)－実行(X)」で正常処理を確認したら最終行に「exit」を追記後、スクリプトファイル名「fut001_通帳履歴更新.sql」にてフォルダー「D:¥MyjobSS¥sql¥t-sql」に格納しておきます。

節「5-2」で「t-sql」はプログラミング SQL スクリプトを格納するフォルダーとしています。

節「1-2 データベースを操作する SQL」で少し触れていますが、sql は非手続き型言語と言われて集合論に基づいた言語に対して、t-sql（transact-sql）は sql 言語に変数や制御文を加えて条件分岐や繰り返しなどの制御構造を記述することができます。

5-3-5　拡張子「bat」のバッチファイル作成と実行

「第4章　一本化事例スクリプト.sql」と見比べて作成してきたスクリプトを実行させるバッチファイルを、前章で作成したバッチファイル「住所録作成更新.bat」の延長線上と位置づけて同様に作成します。

作成手順は節「4-6-2」の「住所録作成更新.bat」作成と同様ですが、節「5-2」で機能単位に振り分けたフォルダーに格納したスクリプトを列記していくだけです。
注意点はカレントディレクトリから見て実行対象スクリプトがどこにあるかを把握することです。

カレントディレクトリの、カレントには幾つかの意味が有りますがパソコン上では「現在の」が適切で、ディレクトリとはファイルを格納しておくフォルダーの別名で、カレントディレクトリとは現在作業中のフォルダーの場所を指しているものと理解します。

機能分割に振り分けたスクリプトを順に上から下へと並べ、カレントディレクトリに注意して作成したバッチファイル「fut001_通帳履歴更新.bat」が下記で、フォルダー「D:¥MyjobSS¥bat」に格納しておきます。尚、表記上各 sqlcmd コマンドは長い1行です。

```
D:
CD ¥MyjobSS

sqlcmd /E /S katada-pc¥sqlexpress /i "sql¥table¥fut001_w通帳取込履歴.sql" >
log¥fut001_通帳履歴更新.log

if exist errorf¥fut001_w通帳取込履歴*.*  del errorf¥fut001_w通帳取込履歴*.*
sqlcmd /E /S katada-pc¥sqlexpress /i "sql¥bulkin¥fut001_w通帳取込履歴.sql" >>
log¥fut001_通帳履歴更新.log

sqlcmd /E /S katada-pc¥sqlexpress /i "sql¥t-sql¥fut001_通帳履歴更新.sql" >> log¥fut001_
通帳履歴更新.log
exit
```

1行目の「D:」で何はともあれ現在位置が何処にあろうとも取り敢えず、D ドライブ直下を起点とし、2行目の「CD ¥MyjobSS」の「CD」（Change Directory）でカレントディレクトリを「D:¥MyjobSS」に変更しています。

sqlcmd コマンド内で注意すべきは、「/i」に続けて記載する実行対象スクリプトファイルがカレントディレクトリからどの位置にあるかを、節「5-2」のフォルダーマップを確認し

ながら格納フォルダーを、スクリプトファイル名の前に「¥」文字を付して「""」内に記載しますが、先頭に「¥」文字は不要です。

　sqlcmd コマンド実行結果を出力するログの格納先フォルダーにも注意し、「log¥fut001_通帳履歴更新.log」としていますが、２回目以降の sqlcmd コマンドでは「>>」により１つのログに追記し取り纏めています。

　「if exist . . .」は、「bulk insert」実行時に過去のエラー情報ファイルがある場合、エラー発生時に上書きできないための事前対応です。

　作成したバッチファイル「fut001_通帳履歴更新.bat」を実行した結果ログが下記です。

```
データベース コンテキストが'taro'に変更されました。
データベース コンテキストが'taro'に変更されました。
開始
------------------------------
2024-01-31 16:06:09.887

(1 行処理されました)

(188 行処理されました)
終了
------------------------------
2024-01-31 16:06:09.893

(1 行処理されました)
データベース コンテキストが'taro'に変更されました。
開始
------------------------------
2024-01-31 16:06:09.990

(1 行処理されました)

(188 行処理されました)
更新前件数
-----------
          0

(1 行処理されました)

(188 行処理されました)
```

```
更新後件数
-----------
        188

(1 行処理されました)
終了
-------------------------------
2024-01-31 16:06:10.013

(1 行処理されました)
```

「データベース コンテキストが 'taro' に変更されました。」の文字列は、各スクリプト1行目で利用するデータベースを宣言している「use taro」によるもので、それ以外の文字列と各スクリプト内のどの SQL 文とが対応しているかを確認してみるのも一考かと思われます。

5-3-6 リスク回避を備えたバッチファイル作成

以降、定期あるいは不定期にダウンロードしながら「fut001_通帳履歴更新.bat」のWクリックにて「fut001_通帳履歴」テーブルを累積管理していきますが、ダウンロード時ファイル名は必ず「fut001_w通帳取込履歴.csv」として、所定のフォルダーに格納しなければエラーとなります。

バッチファイルのWクリック時に漆黒のウィンドウが開かれ即閉じるだけで、都度ログ内の「メッセージ……」のエラー発生文字列の有無を確認していれば、何らかのエラーが発生していても対応が取れます。

但し、都度ログを確認せずに定期あるいは不定期にダウンロードとバッチファイルのWクリックを繰り返し、仮にエラー発生を見逃していると後の祭りとなり、遡及可能な履歴が仮に残っていれば復旧可能となります。

そのような状況になり、予測不可能なエラーを発生させないためのリスク回避策として、今回のようなケースではバッチファイル作成時に、可能な限りの対応を取れるようにした結果が下記の改訂後バッチファイルです。

```
@echo off
echo _
echo 入出金明細－明細保管サービス(全期間)からダウンロードを行ない、
echo _
echo fut001_w通帳取込履歴.csvの名前にてD:¥MyjobSS¥dataに格納済ですか？
echo _
pause
@echo on
```

```
D:
CD ¥MyjobSS

sqlcmd /E /S katada-pc¥sqlexpress /i "sql¥table¥fut001_w通帳取込履歴.sql" > log¥fut001_通帳履歴更新.log
jbd020n log¥fut001_通帳履歴更新.log
if exist log¥err_fut001_通帳履歴更新.log goto errlabel

if exist errorf¥fut001_w通帳取込履歴*.*  del errorf¥fut001_w通帳取込履歴*.*
sqlcmd /E /S katada-pc¥sqlexpress /i "sql¥bulkin¥fut001_w通帳取込履歴.sql" >> log¥fut001_通帳履歴更新.log
jbd020n log¥fut001_通帳履歴更新.log
if exist  log¥err_fut001_通帳履歴更新.log  goto  errlabel

sqlcmd /E /S katada-pc¥sqlexpress /i "sql¥t-sql¥fut001_通帳履歴更新.sql" >> log¥fut001_通帳履歴更新.log
jbd020n log¥fut001_通帳履歴更新.log
if exist  log¥err_fut001_通帳履歴更新.log goto errlabel

D:
CD ¥MyjobSS¥data
del fut001_w通帳取込履歴old.csv
ren  fut001_w通帳取込履歴.csv fut001_w通帳取込履歴old.csv
exit

:errlabel
pause
exit
```

前節作成でのバッチファイルよりも行数がかなり増えています。

　詳細な補足説明はネット検索や「Windows コマンドプロンプト リファレンス」などの参照をお願いさせて頂き、概要を列記していきます。

　Dドライブ直下を起点とし、カレントディレクトリを「D:¥MyjobSS」に変更するまでに、ダウンロードファイル名を「fut001_w通帳取込履歴.csv」として所定のフォルダーへの格納を促し、「pause」コマンドで一時停止させています。（次頁参照）

第5章　ダウンロードデータのテーブル化手順

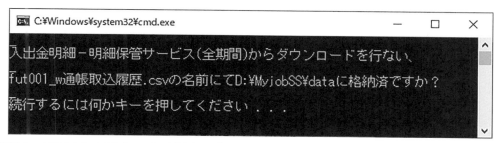

　確認して続行する場合は表示通りに何かキーを押しますが、続行しない場合は右上の「×」でキャンセルです。

　各 sqlcmd コマンド次行「jbd020n log¥fut001_通帳履歴更新.log」の「jbd020n」は、「log¥fut001_通帳履歴更新.log」内にエラー情報が有る場合に、別途作成する「log¥err_fut001_通帳履歴更新.log」内に当該メッセージ行などを格納する外部コマンドです。

　「jbd020n log¥fut001_通帳履歴更新.log」の次行で「log¥err_fut001_通帳履歴更新.log」が有れば、「goto」コマンドで「:errlabel」へジャンプさせて、「pause」コマンドで一時停止させているため、漆黒のウィンドウは閉じることなくエラーが発生したことが分かります。（下記参照）

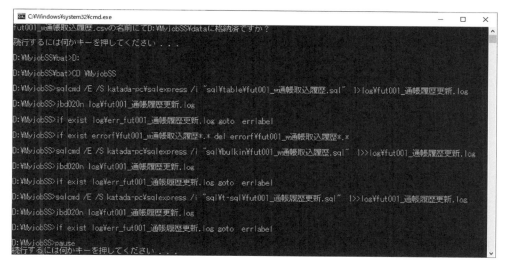

　エラーが発生すればログを確認しますが、私は処理件数を把握するために必ずログを見るようにしています。

　正常に処理がされたら再度Dドライブ直下を起点とし、カレントディレクトリを「D:¥MyjobSS¥data」に変更後、ダウンロードファイル「fut001_w通帳取込履歴.csv」名を「fut001_w通帳取込履歴old.csv」に変更しておき、何か有った場合の調査対象の1つとして次回処理時まで確保します。

以上、想定可能な範囲での対応を付加しましたが、スクリプトファイル内でのリスク回避に向けた対応を行うことも可能です。

　尚、バッチファイル内の「katada-pc¥sqlexpress」を「localhost¥sqlexpress」としておくと、パソコン買い換え時などに「コンピュータ名（デバイス名とも）」を変更することなくバッチファイルの継続利用が可能です。

　「localhost」は「通信ネットワークにおける位置関係を示す用語の一つで、利用者や稼働中のソフトウェアにとって、自らの側のコンピュータや端末のこと」だそうです。

コラム：jbd020nについて

　「jbd020n」はVB（Visual Basic）.netで作成したコンソールプログラムです。

　任意ファイル名で作成されたSQL Serverスクリプト実行時ログ内を全行走査し、行頭文字列が「メッセージ」あるいは「Error」の場合と、「bcp」コマンド実行時警告メッセージ「Error = [Microsoft][ODBC Driver 17 for SQL Server] Warning: BCP」を判定、当該エラー行とログ内の行位置を任意ファイル名の先頭に接頭辞「err_」を付し、作成した実行時ログファイルと同一フォルダーに格納します。

　任意ファイル名は、[フォルダー名¥[下位フォルダー名¥[……]¥]¥]ファイル名など単一ファイル名、相対パス指定あるいはフルパス指定のいずれでも対応可能な仕様になっています。
[]の文字はオプションです。

　「jbd020n」の送付を希望される方は、「件名：jbd020nの送付依頼」にて「e-mail:info@ykatada.com」宛までメール願います。追って、ソースコードファイル、実行形式ファイル（拡張子を変更）、取扱説明書などを返送します。

　ソースコードファイルを確認後に自ら実行形式ファイルを作成されたい方は、「付録Ⅰ jbd020nのソースコード」を参照願います。私は作成した実行形式ファイルを、パソコン購入後の初期設定で既にパス（path）が通っている「C:¥Windows」直下にコピペで保存しています。

　尚、保存時には管理者権限保有ユーザーでログインしていても、次頁のような「対象のフォルダーへのアクセスは拒否されました」ウィンドウが表示されますが、「続行（C）」のクリックにて保存します。

　また、行頭文字列「メッセージ」あるいは「Error」以外などでエラーが発生し、「jbd020n」への追加対応を要する場合は、お手数をお掛けしますが当該実行時ログを添付したメールを、先のメールアドレスまでご連絡頂ければ幸いです。

5-4　仮想表を作成して実テーブルの利用を高める

　月日の経過とともに幾度かのダウンロードCSVデータの取得と作成したバッチファイルの実行により「fut001_通帳履歴」テーブルを累積管理していきますが、このテーブルから節「1-4 RDBを個人生活に特化した利用事例」での掲載事例は作成していません。

　節「1-4」の掲載事例は、「fut001_通帳履歴」テーブルから編集加工した仮想表をExcelから取得後に編集を行っていますが、次章でも同様な方法でクレジットカード利用明細のCSVデータから作成した累積管理テーブルから編集加工した仮想表も利用して事例を作成しています。

　ここで次章には進まず、「fut001_通帳履歴」の実表あるいは実テーブルからどのように仮想表を作成し、どのようにExcel連携しているかを見ながら仮想表の基本に触れつつ、次章への弾みにしていきたいと思います。

　そこで「実表、仮想表。うん？　何それ」と疑問を持たれた方もいると思います。

　「fut001_通帳履歴」など実際に作成されたテーブルを実表と呼び、実表から利用し易いように編集加工し「select」文のみで仮想的に作られたテーブルを「仮想表」と呼び、別名「ビュー（view）表」とも呼ばれます。

　ビューの日本語の1つに「景色」が有りますが、データベースの世界では様々な景色を見せられるものがビュー表と理解しても良いかもしれません。
　ここからは、仮想表は単にビュー、実表はテーブルとも呼称していきます。

節「1-4」の各事例がどのようなビュー表から作成されているかですが、各事例を参照しているビューの親とも言えるビュー「fut001_v通帳履歴」が有り、まずはこれを作成するSQL文を以下に記載します。実テーブルに対応するviewで「fut001_v通帳履歴」と命名しました。

```
create view fut001_v通帳履歴 as
select
        取扱日付,
        番号,
        substring(datename(weekday, 取扱日付),1,1)曜日,
        出金額,
        入金額,
        取引区分,
        残高,
        摘要
  from fut001_通帳履歴;
```

「fut001_通帳履歴」テーブルの全項目と新たに「曜日」を加え、見栄えに配慮して「取扱日付」を最初に配置しました。

「曜日」はシステム関数利用で「datename（weekday, 取扱日付）」で算出されますが、「月曜日」と漢字３文字で結果を返され、全行に亘って「曜日」が付されて見た目に如何なものかとの思いから、「月」の１文字にするため「substring」で最初の１文字のみを取得することにしました。

上記SQL文を「SSMS－新しいクエリ（N）－実行（X）」で正常終了を確認後、「select * from fut001_v通帳履歴」文の実行結果が下記です。

これを暫し見ていたせいか、チョット欲が出てきて「曜日」を「()」で囲ってみたくなり、テーブル再作成時と同様にSQL文を一部変更して、「ビューの削除」に続けて「ビューの作成」を行った結果が次頁ですがエラーで返されました。

第5章　ダウンロードデータのテーブル化手順

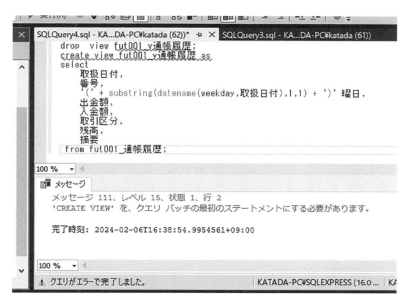

　エラーメッセージからビューの再作成には「ビューの削除」は不要で「ビューの作成」は上書き可能なのかと思い、下記のように実行してみましたがこれもエラーで返されました。

　やはりここは、あの「go」の出番かと思いながら追記して実行した結果、正常終了し「go」の使い勝手に戸惑いを感じました。（次頁参照）

確認後の「select」文では実際の通帳履歴順と同じになるように、「取扱日付／番号」の昇順とした実行結果が下記です。

節「1-4」の事例参照ビューの親ビュー「fut001_v通帳履歴」の作成に加えて、当節冒頭では事例「1-4-1」事例の下方シート名に有る「直近年間」の捉え方を、どのようにしているかを下記SQL文で示します。

```
select  getdate () 本日,
        dateadd (day, 1, eomonth(dateadd(month, -13, getdate())))  直近年間開始日,
        eomonth (dateadd(month, -1, getdate()))  直近年間最終日;
```

① 1行目の getdate () は既に紹介している現在日時を「本日」の別名を付けています。
② 2～3行目で本日を基点に直近の過去1年間をどのように捉えるかで、ここで本日の直近前月末から遡って丸1年とし、日付に関わるシステム関数の利用にて算出しました。
　dateadd 関数は第3要素の日付に対して、第1要素の月数、日数指定にて、第2要素で指定した数を加算した日付を算出します。

eomonth 関数は指定した日付を含む月末日を算出します。

③2行目は本日から13カ月遡った日の月末日の翌日を「直近年間開始日」の別名を付け、3行目は本日から1カ月遡った日の月末日を「直近年間最終日」の別名を付けています。

④上記 SQL 文を「SSMS －新しいクエリ（N）－実行（X）」での結果が下記です。

以降、システム関数の利用にて「直近年間」を素早く簡単に取得したい場合に備え、下記 SQL 文により管理用ビューを作成しておきます。名前は「com001_v管理日付」とし、「com001_v」はシステム共通（com）で最初（001）の view としています。

```
create view com001_v管理日付 as
select   getdate () 本日,
         dateadd (day, 1, eomonth(dateadd(month, -13, getdate())))直近年間開始日,
         eomonth (dateadd(month, -1, getdate()))直近年間最終日;
```

この実行結果が下記です。

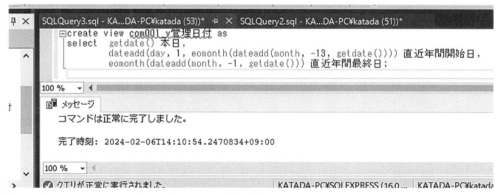

通常の「select」文で参照が可能です。（次頁参照）

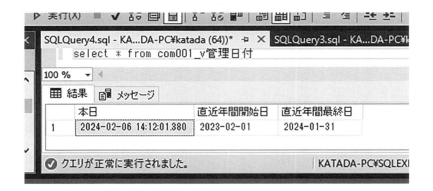

　このようにビューは実テーブルから作成するだけではなく、このような関数などを利用して作成することもできますが、実テーブルも併用してビュー「com001_v管理日付」を充実させることもでき、下記 SQL 文でビューの再作成を行います。

```
drop view com001_v管理日付;
go
create view com001_v管理日付 as
select getdate () 本日,
       dateadd (day, 1, eomonth(dateadd(month, -13, getdate())))直近年間開始日,
       eomonth (dateadd(month, -1, getdate()))直近年間最終日,
       min(取扱日付)管理通帳開始日, max(取扱日付)管理通帳最新日
  from fut001_通帳履歴;
```

　ビュー「com001_v管理日付」の再作成後、「select」文で参照し、その後に「オブジェクトエクスプローラー」内の「taro」をポイントして「表示（V）－最新の情報に更新（F）」後に、「ビュー」を展開した結果が下記です。

　新たに「fut001_通帳履歴」テーブルから追加した「管理通帳開始日」は以降の累積管理が実施されても変更されませんが、「管理通帳最新日」は実施の都度新しく変わっていきます。

5-4-1　ビュー「fut001_v直近年間通帳履歴」を作成

　節「1-4-1 通帳履歴を Excel で電子化」に掲載した事例の参照ビューは、「fut001_v直近年

間通帳履歴」で下記が作成スクリプトです。

```
drop view fut001_v直近年間通帳履歴;
go
create view fut001_v直近年間通帳履歴 as
select * from fut001_v通帳履歴
  where dateadd(day, 1,eomonth(dateadd(month, -13, getdate())))＜取扱日付
    and 取扱日付 <= eomonth(dateadd(month, -1, getdate()));
```

以降も同様ですが、ビュー名称は何となく想像し易いようにと命名したつもりです。

「where」句で直近1年間の条件を作成済ビュー「com001_v管理日付」の「直近年間開始日」と「直近年間最終日」設定条件と同一とし、項目「取扱日付」がこの期間内に有るビュー「fut001_v通帳履歴」の全項目を抽出するビューを作成しています。

前2行は修正発生時への対応コマンドです。以降、同様です。

5-4-2 ビュー「fut001_v摘要別直近年間出金額」を作成

節「1-4-3 通帳履歴から摘要別出金合計と平均を取得」に掲載した事例の参照ビューは、「fut001_v摘要別直近年間出金額」で下記が作成スクリプトです。

```
drop view fut001_v摘要別直近年間出金額;
go
create view fut001_v摘要別直近年間出金額 as
select 摘要,
       count(番号) 年間件数,
       sum(isnull(出金額, 0)) 年間出金額,
       sum(isnull(出金額, 0)) / count(番号) 平均出金額
from fut001_v通帳履歴
where 取引区分 = '出金'
  and 摘要 <> 'ﾃｽｳﾘﾖｳ'
  and dateadd(day, 1,eomonth(dateadd(month, -13, getdate())))＜取扱日付
  and 取扱日付 <= eomonth(dateadd(month, -1, getdate()))
group by 摘要;
```

このビューは明細の表示は行わず、項目「取引区分」が「出金」、項目「摘要」は「ﾃｽｳﾘﾖｳ」とは異なる文字列で項目「取扱日付」が直近1年間のビュー「fut001_v通帳履歴」を対象に、「group by」句で項目「摘要」が同一の文字列で取り纏め、その件数と出金額合計と平均出金額を算出するビュー「fut001_v摘要別直近年間出金額」です。

5-4-3 ビュー「fut001_v摘要別直近年間振込入金額」を作成

節「1-4」への事例掲載は行っていませんが、前節の出金額に相対するような入金額の履歴の中から振込入金に注目して作成したビュー「fut001_v摘要別直近年間振込入金額」のスクリプトが下記です。

```
drop view fut001_v摘要別直近年間振込入金額;
```

```
go
create view fut001_v摘要別直近年間振込入金額 as
select 摘要,
       count(番号) 年間振込件数,
       sum(isnull(入金額, 0)) 年間振込入金額,
       sum(isnull(入金額, 0)) / count(番号) 平均振込入金額
from  fut001_v通帳履歴
where 取引区分 = '振込入金'
  and 摘要 <> 'テスウリヨウ'
  and dateadd(day, 1,eomonth(dateadd(month, -13, getdate())))  < 取扱日付
  and 取扱日付 <= eomonth(dateadd(month, -1, getdate()))
group by 摘要;
```

項目「取引区分」が「振込入金」以外は前節作成ビューと同一条件となります。

5-5 Excelからビューを取得する

「はじめに」で「……CSVデータを生活スタイルの見直しに役立たせるデータベース化事例にはExcelとの連携も有り、……」と紹介したExcel連携にようやく辿り着けました。

Excel起動後、「空白のブック」から下記のように、「データ－外部データの取り込み－その他のデータソース」先頭の「SQL Server」をクリック、お待たせした掲載事例の作成開始です。

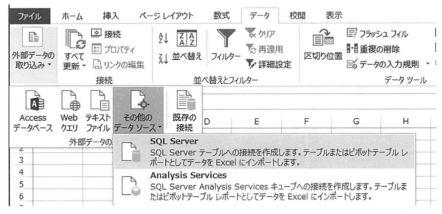

次頁は「SQL Server」クリック後に表示された「データ接続ウィザード」の「データベースサーバーに接続」ウィンドウで、「1．サーバー名（S）:」にはSSMS起動時の「サーバーへの接続」ウィンドウやバッチファイル作成などでお馴染みとなった「katada-pc¥sqlexpress」を入力します。

第5章　ダウンロードデータのテーブル化手順

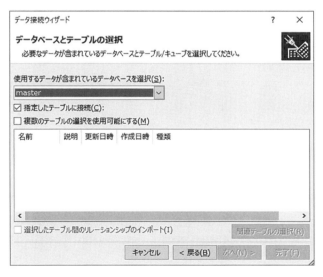

「2．ログイン時の証明」はSSMS起動時の「サーバーへの接続」ウィンドウと同様に、「Windows認証を使用する（W）」を選択し活性化表示されている「次へ（N)>」をクリックすると、下記「データベースとテーブルの選択」ウィンドウが表示されます。

　尚、家庭内LANや中小企業内LANでExpress版をインストールしていない他PCからもExcel連携を行いたい場合は別途「確認と対応」が必要ですが、「2．ログイン時の証明」で「以下のユーザー名とパスワードを使用する（T）」を選択し各々入力にて利用可能となります。
　この「確認と対応」に興味がある方は、「付録J　LAN内他PCからのExcel連携対応」を参照願います。

「使用するデータが含まれているデータベースを選択（S）」にはSQL Serverインストール時に作成されたシステムデータベース「master」が表示されていますが、ドロップダウンリストから「taro」を選択すると「taro」に作成した「住所録」テーブルやビューが名前昇順

で一覧表示されます。（下記参照）

　表示後、「複数のテーブルの選択を使用可能にする（M）」のチェックで「名前」列内先頭に「□」が表示され、「fut001_v直近年間通帳履歴」と「fut001_v摘要別直近年間出金額」の選択と同時に「選択したテーブル間のリレーションシップのインポート（I）」が自動選択されました。（下記参照）

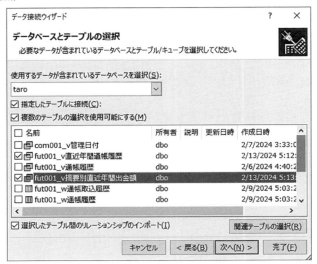

　上記表示にて活性化表示されている「次へ（N）>」をクリックすると、下記「データ接続ファイルを保存して終了」ウィンドウが表示され、「説明（D):」下のテキストボックスへの文字入力を求められていますが、入力の強制までは求められていません。

　取り敢えず何も入力しないでも「完了（F）」はクリック可能ですのでクリックすると、次頁左側の「ピボットテーブルレポート（P）」がデフォルトで選択されている「データの

第5章　ダウンロードデータのテーブル化手順

インポート」ウィンドウが表示されます。

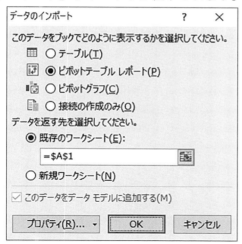 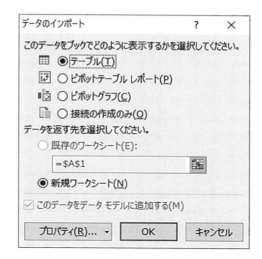

今回は選択した2つのビューを表形式で取り込みを行いたいため、上記右側のように「テーブル（T）」を選択します。すると同ウィンドウ内下方の「データを返す先を選択してください。」が「既存のワークシート（E）」から「新規ワークシート（N）」に自動変更されました。

「OK」ボタンが活性化されていましたのでクリックすると時間計測は行っていませんが、暫し経過後に下記が表示されました。

「Sheet3」に「fut001_v摘要別直近年間出金額」が取り込まれています。

111

「デザイン」タブが選択されており、「フィルターボタン」が配置された「見出し行」が表示され、データ行には見易いように1行おきの「縞模様」が表示されています。

また、前頁事例右端の「クイックスタイル」をクリックすると自動選択された色目を確認することができます。

このシートを「摘要」で昇順に並び替え、「年間出金額」と「平均出金額」には3桁ごとの「,」表示とする編集を行った結果が下記です。

摘要	年間件数	年間出金額	平均出金額
JCB ﾅｶﾉｼﾝﾌﾞﾝﾎ	9	30,600	3,400
NHK	1	21,765	21,765
SMBC(ﾆｯﾎﾟﾝｵｰﾁｽ	1	64,240	64,240
ｱｲﾁｺﾝｽﾞｲﾊﾞﾝｸﾗｼ	2	1,200	600
ｱｻﾋｶｾｲﾎｰﾑｽﾞ(ｶ	2	477,400	238,700
ｱﾌﾗｯｸAPS	9	25,740	2,860
ｶ)ｲﾁｶﾜﾃﾚﾋﾞﾃﾞﾝｶｾﾝﾀｰ	1	103,000	103,000
ｶﾞｽ	10	91,537	9,153
ｷﾌﾞｼｼﾞｮｳｹﾞｽｲﾄﾞ	5	50,771	10,154
ｺｸﾐﾝｹﾝｺｳﾎｹﾝﾘｮｳ	7	200,460	28,637
ｺﾃｲｼｻﾝｾﾞｲ	3	89,400	29,800
ｼﾄﾞｳｷｼﾊﾗｲ	1	33,000	33,000
ｾﾝﾛｳｻｲ	9	45,999	5,111
ﾀｺﾞｳATMｼﾊﾗｲ	4	132,000	33,000
ﾁｭｳﾜﾌﾞﾓｳﾄﾞｳｹﾝｷｮ	2	1,200	600
ﾌﾘｺﾐﾃｽｳﾘｮｳ	3	550	183
ﾕｳﾁｮｼﾊﾗｲ	2	66,000	33,000
ﾛｳｷﾝUCｶｰﾄﾞ	10	2,269,556	226,955

「Sheet2」には「fut001_v直近年間通帳履歴」が取り込まれています。

全く想像が付かない並び順はビューの特性かもしれませんが、このままでは資料としての利用はできませんので、「取扱日付/番号」で昇順に並び替え、「出金額」、「入金額」、「残高」には3桁ごとの「,」表示などの編集を行います。

尚、「データのインポート」ウィンドウで「新規ワークシート（N）」に自動変更されていましたので、この事例では「Sheet1」は手付かずで何も入力されていませんのでシート削除や「Sheet2」、「Sheet3」のシート名変更などを行います。

　また、再度「データ－外部データの取り込み－その他のデータソース－ SQL Server」以降を行う場合、「データ接続ファイルを保存して終了」ウィンドウで「完了（F）」クリック後、下記メッセージウィンドウが表示されますが「はい（Y）」クリックで問題ありません。

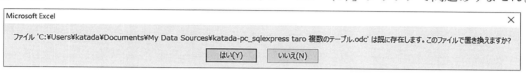

　メッセージウィンドウ内に表示されているファイルを開く場合、「メモ帳」がお薦めです。

　以上で当章は終了です。如何でしたでしょうか。

　次章は節「5-4」冒頭で触れたクレジットカード利用明細の CSV データから、当章同様にテーブル作成を行い仮想表での事例作成も行いますが、チョット手間の掛かる対応を取らなければなりませんのでご期待下さい。

第6章　SQL拡張型言語でプログラミング

　当章で、「クレジットカード利用明細の CSV データ」のテーブル化を行い、前章と同様に累積管理を行いつつ仮想表も作成して事例紹介を行います。

　前章最後で「チョット手間の掛かる対応」と紹介させて頂きましたが、その対応方法が今まで見てきた SQL の機能を拡張させた言語で行うことが、当章標題となった根拠かもしれません。

　いきなりのステップアップとなるかもしれませんが、今までと同様に作成するスクリプトへの詳細な説明の記載に努めていきますので、機能的に同じ部分については一部割愛させて頂きたくお願いします。

　対象とするクレジットカードは「UC カード」です。読者の皆さんの中にも利用されている方が多くいらっしゃると思いますので、チャレンジしてみてください。

　尚、ワンクリックでダウンロードできる CSV データは 1 カ月分となりますので、1 年で 12 個、3 年で 36 個の Excel ブックとなり、Excel での都度利用よりもテーブル化することによるメリット感が大きく、利用効果が得やすいと思われますが如何でしょうか。

「UC カード」以外のクレジットカードを利用されている方も、基本的に約 1 カ月分の利用を登録金融機関から引き落とされていると思われますが、ダウンロードできる CSV データの取り扱い記載事項には注視して頂きたいと思います。

　以降の進め方は大筋で前章と同様ですが、この方法がベストではないことも前章と同様です。

6-1　CSVデータのダウンロード

「UC カード」を利用されている方は多くいると思われますので、前章のような説明は一部省略させて頂きます。

「UC カード」のインターネットサイト「アットユーネット」ログイン後に順次遷移し、月ごとの利用明細上部に表示されている「CSV ダウンロード」ボタンをクリックすると、右記ウィンドウが表示されます。

デフォルトで表示されたダウンロードデータ名は、対象となる支払日の年月が付されていますので敢えて名前を変更することは行いませんが、保存先は過去分と同じ「D:¥MyjobSS¥data¥UC」フォルダーとしています。

6-2 利用明細を管理するテーブルを策定

ここで取り扱うダウンロードCSVデータは、1行目から3行目までが支払日に関わる見出し項目的な情報であり、5行目が利用明細の項目名称、6行目以降が利用明細データという構成で、一般的な仕様とは異なり下記にテキストエディタ「メモ帳」で開いた全行を掲載しています。

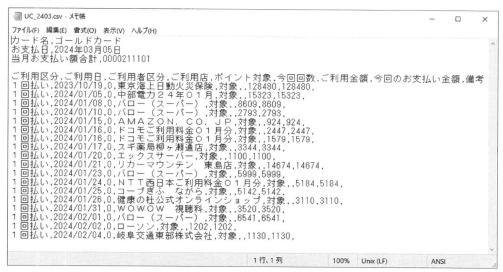

このCSVデータを元にして累積管理していく利用明細テーブルを、どのようなものにするかが思案の為所（しどころ：仕所とも）となりますが、2行目の「2024年03月05日」の支払日が6行目以降の利用明細データに付加されていれば、前章の通帳履歴と同様な管理が可能と思われます。

利用明細に支払日を付加するためには、2行目のみの「bulk insert」と6行目以降の「bulk insert」文で一旦作業用テーブルに格納後、本来の利用明細テーブルに累積管理することで目的が達成できると思われます。

通帳履歴の元になるCSVデータは1回のダウンロードで最大15カ月間の取引履歴を取得できたので、仮に2～3カ月取得していなくても1回のダウンロードで取得し、都度同一のCSVデータ名での「bulk insert」文の実行で連続した通帳履歴を作成できました。

ところが利用明細では、1カ月毎に取り纏められたCSVデータは直近15カ月の利用明細は取得可能でも、仮に2～3カ月取得していなかったとすると都度同一のCSVデータ名での「bulk insert」文の実行で連続した利用明細の作成を行う場合、人的作業に掛かるリスク

への対応が必要です。

　そこで、CSV データダウンロード時のファイル名は前節のように、支払対象年月が付された２～３カ月分を連続取得し、その後の処理では２～３カ月分を順次識別し易くする方法を工夫、再処理もできるようにします。

　以上の点に着目すると、ポイントは以下の３点に纏められると思われます。

1．今回の処理で対象とする年月を指定、あるいは指示する方法を模索する。

2．1.で指定したダウンロードファイル名を「bulk insert」文の対象とし、２行目と６行目以降のテキストを作業用テーブルに格納する。

3．再処理時にも利用明細の連続性を確保できるようにする。

6-3　利用明細テーブル累積管理スクリプトの作成と実行

前節で纏めたポイントを実現させるための機能として以下に列記してみました。

1．今回処理対象ファイル名のみを１行目に記述したファイル「今回取込対象ファイル名.txt」を「D:¥MyjobSS¥data¥UC」フォルダーに常駐し、本体処理時前に今回対象ファイル名を上書きする。

2．1.の今回対象ファイル名のみを格納する作業用テーブルに取得後、「D:¥MyjobSS¥data¥UC¥（今回対象ファイル名）」の支払日記載２行目と６行目以降のテキストを、各々作業用テーブルに格納する SQL 文字列を編集し「execute」コマンドで実行する。
　「execute」は「今回対象ファイル名」を変数とする SQL 文を実行するコマンドです。

3．2.で作成した２つの作業用テーブルから「支払日」をキーにして、本来の利用明細テーブルに累積管理する。

となり、以上を踏まえて累積管理する「uc001_利用明細」テーブル定義を以下に示します。

```
use taro
drop table if exists uc001_利用明細;
go
create table uc001_利用明細(
支払日　　　　　date,
利用区分　　　　varchar(32),
```

```
        利用日              date,
        利用者区分          tinyint,
        利用店              varchar(64),
        ポイント対象        varchar(16),
        今回回数            smallint,
        利用金額            int,
        今回支払金額        int,
        備考                varchar(64)
        );

        go
        exit
```

「支払日」はダウンロードCSVデータの2行目から、以降は同5行目の項目名から定義していますが、可変長文字項目のデータ長は2のべき乗とし、スクリプトはフォルダー「D:¥MyjobSS¥sql¥table」に格納しておきます。

　上記テーブルをSSMSの利用にて事前作成後、スクリプト「uc001_利用明細作成.sql」を作成しフォルダー「D:¥MyjobSS¥sql¥t-sql」に格納、実行用バッチファイル「uc001_利用明細作成.bat」（下記参照）をフォルダー「D:¥MyjobSS¥bat」に格納しておきます。

　バッチファイル先頭には通帳履歴作成時と同様に「pause」コマンドで一時停止させて、処理前の注意事項を表示しており、基本的な流れは踏襲していますがSQLスクリプトは結果的に1本となりました。尚、表記上sqlcmdコマンドは長い1行です。

```
        @echo off
        echo _
        echo アットユーネットからUC_yymm.csvを取得、D:¥MyjobSS¥data¥UCに格納済です
        か？
        echo _
        echo 取得csv名称をD:¥MyjobSS¥data¥UC¥今回取込対象ファイル名.txtに書込み済で
        すか？
        echo _
        pause
        @echo on

        D:
        CD ¥MyjobSS

        if exist errorf¥uc001_*.*  del errorf¥uc001_*.*
        sqlcmd /E /S katada-pc¥sqlexpress /i "sql¥t-sql¥uc001_利用明細作成.sql" > log¥uc001_利
        用明細作成.log
```

```
jbd020n log¥uc001_利用明細作成.log
if exist  log¥err_uc001_利用明細作成.log goto errlabel

exit

:errlabel
pause
exit
```

＊スクリプト「uc001_利用明細作成.sql」は修正が発生していましたので以降に掲載しています。

　早速、バッチファイル「uc001_利用明細作成.bat」を実行、下から２行目の「pause」コマンドでの漆黒のウィンドウは表示されずに正常終了しました。しかし、作成されるべきテーブルを SSMS の利用で確認しましたが、標題のみで１行もデータ行が有りませんでした。

　支払日の取得編集時の途中経過を取得しようとして「select」文をスクリプト内にも適宜挿入していましたので、以下に掲載した実行時ログを確認したところ当該行には「NULL」が返され、処理前後の件数では全て「0」となっていました。

```
データベース コンテキストが 'taro' に変更されました。
開始
-----------------------------
2024-03-04 11:06:45.617

(1 行処理されました)

(1 行処理されました)
今回取込対象
------------------
UC_2403.csv

(1 行処理されました)

(0 行処理されました)
取込支払日情報
--------------------------------------
NULL

(1 行処理されました)
支払日文字列
----------------------
```

NULL

（1 行処理されました）
取込支払日

           NULL

（1 行処理されました）

（0 行処理されました）
今回利用件数

         0

（1 行処理されました）
利用明細_削除前

         0

（1 行処理されました）

（0 行処理されました）
利用明細_削除後

         0

（1 行処理されました）

（0 行処理されました）

（0 行処理されました）

（0 行処理されました）
利用明細_処理後

         0

（1 行処理されました）
終了

> 2024-03-04 11:06:45.683
>
> （1 行処理されました）

　実行時ログを見るに、どうやら前章の通帳履歴作成時とは異なる対応が必要みたいです。

　いろんな点に注意しながら、それなりに相当な時間をそれなりに掛けて通帳履歴作成時と見比べる中、「おやっ？」と思える所に目が留まりました。

　それは、節「6-2」で掲載しているダウンロード CSV データを「メモ帳」で開いていますが、最下段ステータスバーの右から 2 つ目が「fut001_w通帳取込履歴.csv」では、「Windows（CRLF）」と表示されていたのが「Unix（LF）」と表示されていました。

　速攻で「メモ帳　ステータスバー」で検索すると、この表示部分は「改行コードの種類」ということで、更に「bulk insert　改行コード」で検索すると、「Unix（LF）」の場合は行の終端セパレーターとして「with」句内で「rowterminator = '0x0a'」を追記するべきと判明しました。

　以下が修正後のスクリプト「uc001_利用明細作成.sql」です。
　行先頭に「-- 」を付して機能ごとに注釈を挿入しました。

```
use taro
select getdate() 開始;

-- 今回対象ファイル名用作業テーブル定義
drop table if exists uc001_今回対象;
create table uc001_今回対象(
今回対象         varchar(16)
);

-- 利用する変数は「@」を先頭に付して定義
declare @今回対象 varchar(16), @dsql varchar(8000), @finame varchar(64);
declare @w支払日 varchar(64), @支払日 date;

-- 今回処理対象ファイル名を取得
-- 長文の bulk insert は以下の場合には複数行でも可です
bulk insert uc001_今回対象 from 'D:¥MyjobSS¥data¥UC¥今回取込対象ファイル名.txt'
    with(fieldterminator = ',', errorfile = 'D:¥MyjobSS¥errorf¥uc001_今回対象.txt');
-- 代入される変数 = 代入する値
select @今回対象 = 今回対象 from uc001_今回対象;
-- 変数「@今回対象」の値を別名「今回取込対象」を付して実行時ログに残す
select @今回対象 今回取込対象;
```

第6章　SQL拡張型言語でプログラミング

```
-- 文字列を繋げる +
set @finame = '#D:¥MyjobSS¥data¥UC¥' + @今回対象;

-- 支払日用作業テーブル定義
drop table if exists uc001_w支払日;
create table uc001_w支払日(
支払日          varchar(64)
);

-- 実行したい bulk insert 文字列を編集
-- 今回取込対象から支払日取得を編集
set @dsql = '';
set @dsql = @dsql + 'bulk insert uc001_w支払日 from ';
set @dsql = @dsql + @finame;
set @dsql = @dsql + '# with(firstrow = 2, lastrow = 2, fieldterminator = #,#, ';
set @dsql = @dsql + 'rowterminator = #0x0a#, ';
set @dsql = @dsql + 'errorfile = #D:¥MyjobSS¥errorf¥uc001_w支払日.txt#)';
-- 文字列内編集時、本来の'を一旦#で作成していたものを置換(replace)で戻す
set @dsql = replace(@dsql, '#', '''');
execute(@dsql);

-- 支払日表示形式 yyyy年mm月dd日 の文字列をdate型にする
select @w支払日 = 支払日 from uc001_w支払日;
select @w支払日 取込支払日情報;
select substring(@w支払日, 6, 11) 支払日文字列;
select @支払日 = dbo.f_vcd2d(substring(@w支払日, 6, 11)) from uc001_w支払日;
select @支払日 取込支払日;

-- 利用明細用作業テーブル定義
drop table if exists uc001_w利用明細;
create table uc001_w利用明細(
利用区分          varchar(32),
利用日            date,
利用者区分        tinyint,
利用店            varchar(64),
ポイント対象      varchar(16),
今回回数          smallint,
利用金額          int,
今回支払金額      int,
備考              varchar(64)
```

```
);

-- 今回取込対象からカード利用情報取得を編集
set @dsql = '';
set @dsql = @dsql + 'bulk insert uc001_w利用明細 from ';
set @dsql = @dsql + @finame;
-- set @dsql = @dsql + '# with(firstrow = 6, fieldterminator = #,#, ';
-- 入力ファイル連続読込時、行数保持しているため相対行を指定。
set @dsql = @dsql + '# with(firstrow = 2, fieldterminator = #,#, ';
-- 改行コードが「Unix(LF)」への対応
set @dsql = @dsql + 'rowterminator = #0x0a#, ';
set @dsql = @dsql + 'errorfile = #D:\MyjobSS\errorf\uc001_w利用明細.txt#)';
set @dsql = replace(@dsql, '#', '''');
-- SQL文内の変数が有効な値に確定したので、bulk insert文字列全体を実行
execute(@dsql);
select count(*) 今回利用件数 from uc001_w利用明細;

-- 再処理対応
select count(*) 利用明細_削除前 from uc001_利用明細;
delete uc001_利用明細
    where 支払日 = @支払日;
select count(*) 利用明細_削除後 from uc001_利用明細;

-- 作業用テーブルから本来累積管理テーブルへ
insert into uc001_利用明細 select @支払日, *
    from uc001_w利用明細;

-- 未設定項目対応
update uc001_利用明細
    set 利用日 = 支払日
    where 利用日 is null;

update uc001_利用明細
    set 利用金額 = 今回支払金額
    where 利用金額 is null;

select count(*) 利用明細_処理後 from uc001_利用明細;

select getdate() 終了;
go
```

```
exit
```

バッチファイル「uc001_利用明細作成.bat」の実行に際し、ダウンロードCSVデータは「UC_2312.csv」、「UC_2401.csv」、「UC_2402.csv」、「UC_2403.csv」の4つをダウンロード後、順次「今回取込対象ファイル名.txt」を当該ファイル名に変更しながら実行しました。

その結果、最終の実行時ログが下記です。

```
データベース コンテキストが 'taro' に変更されました。
開始
-----------------------------
2024-03-04 17:02:28.027

(1 行処理されました)

(1 行処理されました)
今回取込対象
--------------------
UC_2403.csv

(1 行処理されました)

(1 行処理されました)
取込支払日情報
------------------------------------------------
お支払日, 2024年03月05日

(1 行処理されました)
支払日文字列
----------------------
2024年03月05日

(1 行処理されました)
取込支払日
----------------
    2024-03-05

(1 行処理されました)

(18 行処理されました)
今回利用件数
-----------
```

```
                    18

(1 行処理されました)
利用明細_削除前
-----------
                    61

(1 行処理されました)

(0 行処理されました)
利用明細_削除後
-----------
                    61

(1 行処理されました)

(18 行処理されました)

(0 行処理されました)

(0 行処理されました)
利用明細_処理後
-----------
                    79

(1 行処理されました)
終了
------------------------------
2024-03-04 17:02:28.090

(1 行処理されました)
```

　次頁は SSMS の利用による「select * from uc001_利用明細」の結果で、最下段右側の件数と実行時ログの「利用明細_処理後」が一致して、クレジットカード利用明細の累積管理テーブルが作成されました。

6-4 仮想表を作成して実テーブルの利用を高める

通帳履歴と同様に「利用明細」の実テーブルから利用し易いように編集、加工してビューを作成、Excel連携にて使い勝手を模索しながら、節「1-4」掲載事例のビューを作成していきますが、ビュー「fut001_v通帳履歴」と同様に下記ビュー「uc001_v利用明細」を先に作成します。

```
create view uc001_v利用明細 as
select format(year(利用日),'0000') + format(month(利用日),'00') 利用年月,
       format(year(支払日),'0000') + format(month(支払日),'00') 支払年月,
       *,
       '(' + substring(datename(weekday,支払日),1,1) + ')' 支曜日,
       '(' + substring(datename(weekday,利用日),1,1) + ')' 利曜日
    from uc001_利用明細;
```

実テーブル「uc001_利用明細」から全項目を「*」で取り込み、前後をそれぞれシステム関数の利用にて「利用年月」、「支払年月」、「支曜日」（支払日曜日）、「利曜日」（利用日曜日）で挟み込んだビューです。

以下は前章で「fut001_v通帳履歴」作成時に、管理用ビューとして作成した「com001_v管理日付」に、「uc001_v利用明細」からもクレジットカード利用明細に関わる管理用日付を追加して、ビューを再作成するSQL文で、SSMSの利用にて実行しました。

```
drop view com001_v管理日付;
go
create view com001_v管理日付 as
```

```
select cast(getdate() as date) 本日,
       dateadd(day, 1, eomonth(dateadd(month, -13, getdate()))) 直近年間開始日,
       eomonth(dateadd(month, -1, getdate())) 直近年間最終日,
       min(f.取扱日付) 管理通帳開始日, max(f.取扱日付) 管理通帳最新日,
       min(u.利用日) 管理UC利用開始日, max(u.利用日) 管理UC利用最新日,
       min(u.支払日) 管理UC支払開始日, max(u.支払日) 管理UC支払最新日
  from fut001_v通帳履歴 f, uc001_v利用明細 u;
```

「管理 UC 利用開始日」と「管理 UC 支払開始日」は以降の「利用明細」テーブルの累積管理が実施されても変更されませんが、「管理 UC 利用最新日」と「管理 UC 支払最新日」は都度新しく変わっていきます。

6-4-1　ビュー「uc001_v直近年間利用履歴」を作成

「fut001_v直近年間通帳履歴」の UC 利用明細版みたいなビューで、名称も類推できるようなものしか浮かびませんでした。

```
drop view uc001_v直近年間利用履歴;
go
create view uc001_v直近年間利用履歴 as
select * from uc001_v利用明細
where  dateadd(day, 1,eomonth(dateadd(month, -13, getdate()))) < 利用日
  and  利用日 <= eomonth(dateadd(month, -1, getdate()));
```

6-4-2　ビュー「uc001_v支払日集計」を作成

　節「1-4-4　クレジット利用明細を支払日で集計」で紹介している Excel 連携事例の参照ビューとなり、そこでは「fut001_v通帳履歴」から「摘要」を「ロウキン UC カード」としても情報取得でき、引き落とし金額の一致確認も可能としていますが、当ビューでは必要性の有無は別として支払日ごとの利用件数も把握可能です。

```
drop view uc001_v支払日集計;
go
create view uc001_v支払日集計 as
select  支払日,
        支曜日 曜日,
        count(利用金額) 件数,
        sum(利用金額)  利用金額合計
  from uc001_v利用明細
  group by 支払日, 支曜日;
```

更に、余計なお世話で支払日の曜日も付加しています。

6-4-3　ビュー「uc001_v支払日プレゼン対象集計」を作成

　前節ビューと大して変わっていませんし、これも余計なお世話となりますが、クレジットカード利用に対するポイントが有効か否かの判定項目「ポイント対象」を精査しての支払日

集計ビューです。

```
drop  view  uc001_v支払日プレゼン対象集計;
go
create  view  uc001_v支払日プレゼン対象集計 as
select  支払日,
        支曜日 曜日,
        count(利用金額) 件数,
        sum(利用金額)  利用金額合計
  from uc001_v利用明細
  where ポイント対象 like '対象'
  group by 支払日, 支曜日;
```

これは利用頻度が相当低いと思われますが作成してみました。

6-4-4　ビュー「uc001_v利用年月集計」を作成

　これはクレジットカードを月単位にどれだけ利用していたかと過去を振り返るために作成したビューで、意外と利用効果が図れるものと、私だけかもしれませんが効果的なビューと自負しました。

```
drop  view  uc001_v利用年月集計;
go
create  view  uc001_v利用年月集計 as
select  利用年月,
        count(利用金額) 件数,
        sum(利用金額)  利用金額合計
  from uc001_v利用明細
  group by 利用年月;
```

6-4-5　ビュー「uc001_v利用店集計」を作成

　節「1-4-5　クレジット利用明細から利用店別利用金額合計と平均を取得」で紹介しているExcel連携事例の参照ビューで、「fut001_v摘要別直近年間出金額」のUC利用明細版みたいなビューですが、取得CSVデータ全期間を対象にしています。

```
drop  view  uc001_v利用店集計;
go
create  view  uc001_v利用店集計 as
select  利用店,
        count(利用金額) 件数,
        sum(利用金額)  利用金額合計,
        sum(isnull(利用金額, 0)) / count(利用金額) 利用店平均利用額
  from uc001_v利用明細
  group by 利用店;
```

6-4-6　ビュー「v公共料金支払」を作成

節「1-4-6 通帳履歴とクレジットカード利用明細から合算集約」で紹介している Excel 連携事例の参照ビューです。

公共料金の支払いに特化していますが、最近はクレジットカードで支払いもできるようになりましたので、実テーブル「uc001_利用明細」の「利用店」と「fut001_通帳履歴」の「摘要」から公共料金に該当するデータ行を対象に共通する項目により、「union all」句にて結合したビューです。

```
drop view v公共料金支払;
go
create view v公共料金支払 as
select  利用日    取扱日付,
        利用店    摘要,
        利用金額  出金額
from uc001_利用明細
where  利用店 like '中部電力%'
   or  利用店 like 'ドコモご利用%'
   or  利用店 like 'ＮＴＴ西日本%'
union all
select  取扱日付,
        摘要,
        出金額
from fut001_通帳履歴
where  摘要 like 'NHK'
   or  摘要 like 'デンキ'
   or  摘要 like 'ガス'
   or  摘要 like 'ギフシジヨウゲスイド'
   or  摘要 like 'コクミンケンコウホケンリョウ'
   or  摘要 like 'コテイシサンゼイ';
```

「union all」句を利用する場合は、「select」文の対象項目数、データ型、列名称は同一とする必要が有るので別名で対応しています。但し、データ長は同一とする必要は有りません。

尚、実テーブル「uc001_利用明細」と「fut001_通帳履歴」のそれぞれの累積管理開始時期により、連続した利用情報の取得とはならない場合もあります。

6-4-7　ビュー「v直近年間公共料金支払」を作成

前節ビューを直近年間に限定したビューです。
利用に際して、前節の尚書き同様なので注意願います。

```
drop view v直近年間公共料金支払;
go
```

```
    create view v直近年間公共料金支払 as
    select  利用日    取扱日付,
            利用店    摘要,
            利用金額  出金額
      from uc001_利用明細
      where   (利用店 like '中部電力%'
         or   利用店 like 'ドコモご利用%'
         or   利用店 like 'ＮＴＴ西日本%')
         and  dateadd(day, 1,eomonth(dateadd(month, -13, getdate())))＜利用日
         and  利用日 <= eomonth(dateadd(month, -1, getdate()))
    union all
    select  取扱日付,
            摘要,
            出金額
      from fut001_通帳履歴
      where   (摘要 like 'NHK'
         or   摘要 like 'デンキ'
         or   摘要 like 'ガス'
         or   摘要 like 'ギフシジョウゲスイドウ'
         or   摘要 like 'コクミンケンコウホケンリョウ'
         or   摘要 like 'コテイシサンゼイ')
         and  dateadd(day, 1,eomonth(dateadd(month, -13, getdate())))＜取扱日付
         and  取扱日付 <= eomonth(dateadd(month, -1, getdate()));
```

6-4-8　ビュー「v電気ガス月別合算」を作成

「電気」、「ガス」の供給先などから、それぞれの月別合算利用料金の問い合わせなどが多くなり遊び心で作成してみたビューです。

```
    drop view v電気ガス月別合算;
    go
    create view v電気ガス月別合算 as
    select  datepart(year, 取扱日付) 年,
            datepart(month, 取扱日付) 月,
            sum(出金額) 電気ガス合算
      from v公共料金支払
      where   (摘要 like '中部電力%'
         or   摘要 like 'デンキ'
         or   摘要 like 'ガス')
      group by datepart(year, 取扱日付), datepart(month, 取扱日付);
```

節「5-4」で「データベースの世界では様々な景色を見せられるものがビュー表」とも紹介しているビューの事例を含め、もう少しビューについて深掘りしてみたい方は「付録K

ビューについて」を参照願います。

6-5　Excel連携確認

実テーブル「uc001_利用明細」などから作成した各ビューのExcel連携を確認します。

前章同様にExcel起動後、「空白のブック－データ－外部データの取り込み－その他のデータソース－SQL Server－データベースサーバーに接続－データベースとテーブルの選択」と順に遷移され、右記のように「使用するデータが含まれているデータベースを選択（S）」で「taro」が表示あるいは選択でき、「利用明細」関連ビューが表示されれば確認終了です。

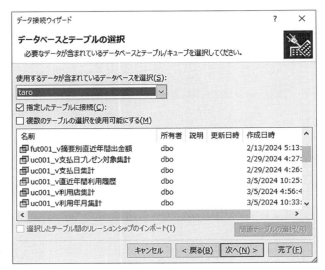

以下は「uc001_v支払日集計」を選択した結果です。
「支払日」で昇順に並んでいないのは、ビュー側では「order by」の指定ができないためです。
Excel連携後に並べ替えなどの編集を行い見栄え良くします。

支払日	曜日	件数	利用金額合計
2023-12-05	（火）	17	92265
2024-03-05	（火）	18	211101
2024-01-05	（金）	20	110539
2024-02-05	（月）	24	147913

「チョット手間の掛かる対応」でしたが、SQLの機能を拡張させた言語で行うことができました。

ここまで、一番身近で生活に直結しているダウンロード可能なCSVデータとして、通帳履歴やクレジットカード利用明細を題材とし、SQL Serverの利用にてテーブル化を行いExcel連携による便利な利用方法などを見てきました。

「ダウンロードCSVデータ」で検索すると、「えっ、こんなものまで!?」と思えるほどにあ

ります。皆さんの生活に直結するものが有るかどうかは分かりませんが、テーブル化していろんな景色にチャレンジしてデータベースに対する知見を深めてみてはどうでしょうか。

付随編　溜まった趣味の管理をデータベースで実現

　ここまで、Excel との親和性が高い SQL Server を自宅 PC へのインストールから始め、生活に直結したダウンロード CSV データをテーブル化し目的に沿ったビューを作成、Excel 連携にて生活に便利な役立つ事例などを紹介してきました。

　ここでは、ダウンロード CSV データ以外へのデータベースの身近な利用方法として、趣味が高じて何を何処に保存してしまったか忘れて、常日頃に何か良い管理方法はないものかと思案しては、翌日回しにされた溜まりに溜まった趣味の管理に四苦八苦している方に向けての紹介です。

　私の場合は主に WOWOW などから録り溜めた映画などのブルーレイディスクの管理を、当初は Excel で行っていましたがデータベースに移行させて録り溜め枚数に拍車が掛かり、家族、親戚、知人、友人からの鑑賞希望にも対応できるような仕組みを Web サイトとして作ることができました。

　尚、著作権法によりダビングしたブルーレイディスクを無償貸与可能な鑑賞希望者は特定されるため、作成した Web サイトも利用者を限定したプライベートなサイトとし、ログインできる人を特定する仕組みも付加しています。

　また、Web サイトのスクリプトなどの記載は本書の本来の目的から外れてしまいますので、あくまでも「データベースのこんな利用方法はどうでしょうか」との位置付けにて付随編としました。

　なので目を通して頂くだけで、皆さんのデータベースの個人生活への利用に向けた新たな気付きになればと思います。

　以降、寄り道も幾つか出てきますが、それぞれが目指すところに繋がっていると思われますので、最後まで読み切って頂きたくお願いします。

付随-1　元々、目指していたものからの展開

　2017 年 3 月に発刊した初めての拙著『ユーザ目線の SQL 等活用術』は、起案された業務課題に対してデータベース Oracle の機能をどのように利用させるかについて、システム開発初心者を対象とした事例を中心に取り纏めた本で、ネット利用による販促を目論んでいました。

付随編　溜まった趣味の管理をデータベースで実現

　2015年8月にアカウントのみ作成後、中途半端な状態にしていた当時のFacebookは参照ユーザー数に制限が有ったため、多くの人の目に触れるビジネス用「Facebookページ」の開設を行いましたが、利用方法に困惑するのみで思うようなページを構築できず早々に断念しました。

　他の方法はないものかと思案する中で、自由度の高いWebサイトを構築できる安価・安全なレンタルサーバーが既に数多く有るとの昨今。在職中に知り得た少しばかりのWebサイトに関する知識に無謀にも気を良くし、我を顧みることなくチャレンジすることにしました。

　但し、拙著の販促目的だけでは、昨今のレンタルサーバーが備えている機能の恩恵を十分に享受できないと思い、取り敢えずExcelで管理していた映画などをダビングしたブルーレイをWebサイトの管理に移行できれば、販促以外にもWebサイトへの展開が望めるものとワクワクしました。

　展開の1つには、一眼レフカメラがデジタル化され、親族や知人友人などとの各種イベントで撮った写真を、参加者グループごとに分類、選別、DVDへのコピーと送付手配などの手間の簡略化を一部NASで実施していた仕組みを、Webサイト化できないものかとの思いが有りました。

　まずは、数多く有るレンタルサーバーから数社の比較検討を各サイト掲載記事などから行う中、数社共通に利用可能なサーバープログラムからPHP、データベースからMySQLの利用が妥当ではないかという勝手な判定を行いました。

　次に、PHPとMySQLの組み合わせによる、読みやすくて見やすく適切な事例が多く掲載されている初心者用の入門書を探す中、インプレスブックス社の『いちばんやさしいPHPの教本　第2版』(以降、PHP教本。第3版出版済)が役立つと思い即購入しました。

付随-2　PHP教本の読み替えにてWebサイト第1版を作成

　当初、Excelで管理していたときはシートの列に「ファイルケース通番、ファイルケース内不織布通番、タイトル、カテゴリー、制作年、……」などのテキスト情報を記載し、ブルーレイディスク1枚ごとにシートの行を対応させていました。

　ダビングしたブルーレイが100枚を超えた頃から、ブルーレイを探すのも一苦労となり、保管するフォルダーも増え、ダビングしたことを忘れて再び録画したことも有った時期に並行して、拙著の販促を思案していた延長線上でのPHP教本との出会いでした。

　Webシステムを構築でき次第、レンタルサーバー上にアップする前に、作成およびテスト環境(Webサーバー：Apache、データベースサーバー：MySQL、動的Webページ作

成用プログラム：PHP）を自宅 PC に構築する方法は有効で、便利なテキストエディタ：Brackets も紹介されていました。

　サンプルとして掲載されている「料理レシピアプリ」と「レシピテーブル」を、「ブルーレイ管理アプリ」と「ブルーレイ情報テーブル」へ読み替え、必然的にテーブルの項目数と属性は異なることになりますが、順次読み進め参照読了と共に Web システムの第 1 版を作成することができました。

　下記が「テキスト情報テーブル」の設定内容です。

No.	項　目	データ名	データ型	null	備　考
1	タイトル	title	varchar（64）	no	主キー。全角日本語入力が基本、半角空白使用不可。
2	ジャンル	genre	varchar（64）	yes	登録時、ドロップダウンリストより複数選択可。
3	制作年	cryear	int（4）	yes	西暦 4 桁
4	制作国	crcountry	varchar（64）	yes	映画等紹介サイトよりコピー＆ペーストによる入力を基本とする。
5	内容	content	varchar（1024）	yes	
6	出演者	cast	varchar（1024）	yes	
7	保管フォルダー	hfolder	varchar（6）	yes	全角英字
8	フォルダー通番	hfnum	int（2）	yes	前項「保管フォルダー」内通番
9	状況	status	varchar（16）	yes	入力任意

　項目「ジャンル」は Excel で管理していたときに利用したドロップダウンリスト機能を、PHP でも実現できないものかと様々な検索語を試した記憶が有りますが、サイトアドレスをメモ書きしていなかったのが残念です。

　作成した拡張子「html」ファイルは 3 本、拡張子「php」ファイルは 10 本でした。

　MySQL は Oracle 同様にリレーショナルデータベースで、PHP 教本に記載されていた SQL 文に Oracle との非互換を強く感じることもなく読み進めることができました。

付随-3　以降、改訂版をレンタルサーバーにアップ

　第 1 版以降、「ラベル画像の取り扱い」、「多様な検索機能」、「サイト利用者の管理」などの追加機能を行い、版数改定というよりは随時追加した感じではありますが第 4 版 Web システム「ダビングブルーレイの取り扱い」をレンタルサーバーへアップしました。

付随-3-1　ラベル画像の取り扱い
　あくまでも個人利用の範囲ですが、ブルーレイディスク面には「（映画タイトル）ラベル」

検索で表示された多くの結果から、比較的画像密度が高く実際に購入したような画像を選び、印刷に際してはブルーレイディスクを間違えないようにと、再度確認するなど細心の注意を払いました。

　ラベル画像は鑑賞対象を検索する場合に大いに役に立ちますので、Web サイト利用による検索結果にもラベル画像が表示されれば効果大と思い、新たに PHP 関連書籍を購入したり種々の検索に頼り、「ラベル画像の取り扱い」機能を第２版として追加しました。

　ラベル画像の拡張子は一部「png」も有りますが、殆どが「jpg」につきこの機能は「付随-1」で記載した「展開の１つ」にも繋げられると期待できました。

　下記が「ラベル利用画像情報テーブル」の設定内容です。

No.	項　目	データ名	データ型	null	備　考
1	タイトル	title	varchar (64)	no	主キー。「テキスト情報テーブル」と同一内容。
2	拡張子	extension	varchar (8)	yes	「(タイトル) ラベル」にて検索結果より取得を基本。
3	画像データ	rawdata	longblob	no	

　追加テーブルにつき、項目「タイトル」で「テキスト情報テーブル」とマッチング（突合）させます。

付随-3-2　多様な検索機能

　第１版でも項目「タイトル」による「あいまい検索」やブルーレイディスク収納ケース指定が行え、各項目の変更と当該全情報削除も実行できるようにしていましたが、テキスト情報の「タイトル」に「ジャンル」、「制作国」、「出演者」を加え、「あいまい検索」と「ジャンル」の複数選択可能機能を追加しました。

　そして、複数設定項目の全て一致（AND）と一部でも一致（OR）、検索結果の表示順は「タイトル昇順」がデフォルトで、「制作年昇順」、「制作年降順」から選択可能としました。
　文言ばかりでイメージしにくいと思われます。次頁が当該ページのスクリーンショットです。

> ### ダビングブルーレイの項目任意検索
>
> ダビングブルーレイの管理情報の項目ごとに任意に抽出条件を設定し、条件に該当したダビングブルーレイのタイトルなどを一覧表示します。
>
> 下記項目欄へ全角で任意に入力してください。入力文字にて「あいまい検索」を行ないます。
>
> 1．タイトル：[　　　　　　　　　　　　　　]
>
> 2．ジャンルは（Ctrl）キー押下にて複数選択が可能です。
>
> ジャンル：[アクション／ＳＦ／冒険／サスペンス／ミステリー／犯罪／ファンタジー]
>
> ※選択ジャンルを全て含む ○、　1つでも含む ◉。
>
> 3．制作国：[　　　　　　　　　　　　　　]
> 4．出演者：[　　　　　　　　　　　　　　]
>
> ※上記設定任意項目を全て検索条件とする ◉、　1つでもＯＫ ○。
>
> ※表示順指定：タイトル昇順 ◉、制作年昇順 ○、制作年降順 ○。
>
> [検索]
>
> ダビングブルーレイの照会に戻る

　上記への設定内容により「select 通番, タイトル, 制作年 from テキスト情報テーブル」文に続く「where」句と「order by」句を動的に PHP プログラム内で編集、実行後は「通番, タイトル, 制作年」の検索結果一覧ページを表示します。

　さらに、検索結果一覧ページから「タイトル」クリック後のテキストと画像の情報表示後に、元の検索結果一覧へ戻す制御に一苦労したのを覚えています。これにはセッションにおけるページ間の共通バッファを利用しました。

付随-3-3　サイト利用者の管理

　冒頭で触れていますが、利用者を限定したプライベートサイトにつき、ログインできる人を特定する仕組みを作成し、それなりのセキュリティを確保して実現できました。

　個人を特定させるユーザー名を管理すると、管理される側も構えられますし、管理する側も大変なので、家族、親戚、知人、友人などを適当に適切にグループ化、パスワードも事前設定して、映画に興味が有り、ブルーレイディスクを鑑賞できる機器を所有されている人に案内します。

下記が「ユーザー管理テーブル」の設定内容です。

No.	項　　目	データ名	データ型	null	備　　考
1	ユーザー名	username	varchar（64）	no	半角英数字を基本とする。
2	パスワード	hashpass	varchar（256）	no	半角英数字５桁以上のパスワードをハッシュ化保存。
3	権限等資格	authority	varchar（8）	no	管理者：admin 、利用者：user

　PHP には文字列からハッシュ値を計算するシステム関数が標準で用意されていますので、クライアント PC から入力したパスワードはハッシュ化されてネット上を流れ、レンタルサーバーでチェックするようにしました。

　項目「権限等資格」はレンタルサーバー上のブルーレイディスク登録情報を書き換えられないための方策で、「ユーザー名、パスワード」連絡先グループの人達は「user」権限とし更新は不可としています。

　尚、600 枚近いブルーレイディスクを収納、管理に至った現在、鑑賞希望者には「タイトル、保管フォルダー、フォルダー通番」のメールを頂き、当該ブルーレイディスクを無償貸与させて頂きますが、未だ当該メールを受信したことは有りません。

　当付随編に関するスクリプトなどの記載については別の機会とさせて頂き、最後までお付き合い頂きありがとうございました。

　末筆ながら、データベースが皆さんの趣味の管理に少しでもお役に立てられるように祈念しています。

付録A　SSMSのサーバーへの接続不可対応詳細

　当付録は、本文「2-4-3 別デバイスへのインストール後に発生した接続エラー」への調査と対応方法について、経緯を含めてある程度詳細に記載しているものですが、あくまでも「ユーザ目線」なのでご承知おきください。

　SSMS起動後、「サーバーへの接続」ウィンドウ表示の「接続（C）」ボタンをクリック後、接続エラーウィンドウが表示され、同ウィンドウ内の「ヘルプ」クリック後の2行目をポイントした結果が下記で、当該行が黄色表示されています。

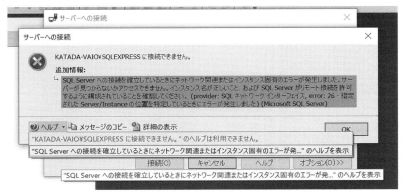

「ヘルプ」の2行目（黄色行）をクリックするとブラウザーアプリが起動、当該行文字列が中央に拡大表示された下記サイトが表示されました。

　このサイト内に表示されている全てに目を通しませんでしたが、注視したのは右側フレーム「その他のリソース」の「ドキュメント」に表示された青色文字の「SQL Server 構成マネージャー -SQL Server」と「SQL Server Browser サービス -SQL Server」とそれぞれの下に記載されている短い説明文でした。

　まず最初に「SQL Server 構成マネージャー -SQL Server」をクリックすると、「SQL Server 構成マネージャー」の文字列が拡大表示された次頁サイトが表示され、右側フレーム「その

付録A　SSMSのサーバーへの接続不可対応詳細

他のリソース」の「ドキュメント」にも「SQL Server Browser サービス -SQL Server」が記載されており、両者間に連携した機能が有るものと推察されました。

下方にスクロールすると下記文言が記載されていました。

> SQL Server 構成マネージャーは、SQL Serverに関連付けられているサービスの管理、SQL Serverが使用するネットワーク プロトコルの設定、SQL Server クライアント コンピューターからのネットワーク接続の設定を行うためのツールです。SQL Server 2022 (16.x) 以降では、Configuration Managerを使用して、SQL Server用のAzure 拡張機能を管理できます。
>
> SQL Server 構成マネージャーは SQL Server のインストールと共にインストールされます。SQL Server 構成マネージャーは、[スタート] メニューから利用できる Microsoft 管理コンソール スナップインであり、他の Microsoft 管理コンソール画面に追加することも可能です。Microsoft 管理コンソール (mmc.exe) は、

　ここには「SQL Server 構成マネージャー」の機能と起動方法が記載されていたので、早速タスクバーの「スタート」からメニュー「Microsoft SQL Server 2022」の展開した配下に「SQL Server 2022構成マネージ...」が有りクリックしました。

　すると即座に、例の「このアプリがデバイスに変更を加えることを許可しますか？」ウィンドウが表示され、「はい」にて以下の「Sql Server Configuration Manager」（SQL Server 構成マネージャー：以降 SSMS と同様に SSCM と略記します）のツールウィンドウが表示されました。

139

これを見るに、「SQL Server のサービス」と目指すべき「SQL Server ネットワークの構成」がメニュー表示されていることで、「サーバーへの接続」エラーウィンドウ内の「追加情報：」冒頭に「SQL Server への接続を確立しているときにネットワーク関連またはインスタンス固有のエラーが発生しました。」への対応はこの SSCM 上で完結するものと予想されました。

　１行目の「SQL Server のサービス」をクリックすると下記３つのサービスが表示されていました。

　余談ですが、ここまででも幾つかの「サービス」という言葉が出てきていますが、ここでの「サービス」とは目に焼き付くような表舞台ではなく、裏で表舞台の演技（処理）を常にサポートしているプログラムあるいはアプリケーションを指しているものとの理解が近いかと思います。

　本文「2-4-1 SQL Server のサービス起動確認」で「実行中」かどうかは別として、５件のサービスで SQL Server が構成されていると確認しましたが、SSCM ではその内２件のサービスが表示されておらず、これでは表示３件のみで問題は無いと理解せざるを得ません。

　SSCM と「SQL Server Browser サービス」間に連携した機能が有ると推察していましたが、SSCM 上でも SSMS 起動時の「サーバーへの接続」ウィンドウで表されたデータベースエンジン「SQL Server（SQLEXPRESS）」も同様に管理できるツールは便利だと思います。

　先の「サーバーへの接続」エラーウィンドウ内の「追加情報：」冒頭とその後半以降の「error: 26- 指定された Server/Instance の位置を特定しているときにエラーが発生しました」より、このエラーは SSCM の管理対象サービス「SQL Server Browser」が「停止」状態にあることが原因と絞れます。

付録A　SSMSのサーバーへの接続不可対応詳細

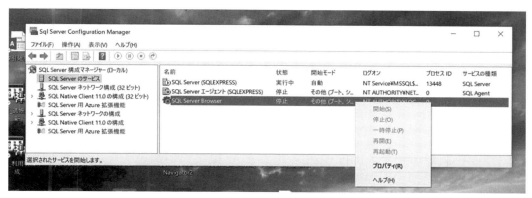

　先ずは、上記で示すように「SQL Server Browser」のサービスを SSCM 上で開始させようと、取り敢えずポイント後の右クリックメニューに「開始（S）」は有るものの活性化されていないため「プロパティ（R）」をクリック、表示された「SQL Server Browser のプロパティ」ウィンドウの「サービス」タブを選択しました。（下記参照）

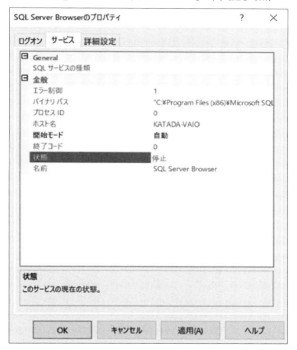

　「開始モード」項目が「無効」となっていたので、ドロップダウンメニューから「自動」に変更、続けて「状態」項目の「停止」も変更しようとしましたがドロップダウンメニューが表示されないため取り敢えず「OK」をクリックしました。

　SSCM 上の「SQL Server Browser」サービスのプロパティ変更により、次頁のように右クリックメニューの「開始（S）」が活性化されました。

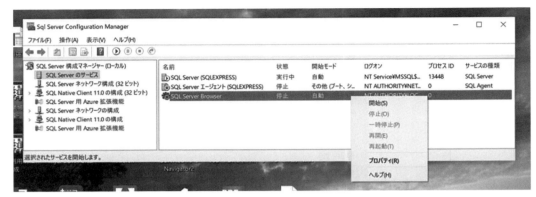

　早速、「開始 (S)」をクリックすると「サービスを開始しています…」文字列が表記された下記ウィンドウが表示されました。

　暫く待っていると、下記ウィンドウ表示により SSCM 上では「SQL Server Browser」サービスが開始されなかったこととなりました。

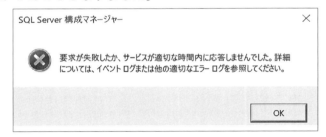

　そこで、上記ウィンドウ内に表記されているログなどは参照せずに、「スタート（右クリックメニュー）－コンピューターの管理（G）－サービスとアプリケーション」配下の「サービス」から「SQL Server Browser」を開始しようと下記のように選択、「サービスの開始」をクリックしました。

142

付録A　SSMSのサーバーへの接続不可対応詳細

　すると、待ち時間を感ずること無く下記に示すように「SQL Server Browser」サービスが開始されましたが、当「コンピューターの管理」ウィンドウの「サービスとアプリケーション」配下3番目の「SQL Server 構成マネージャー」表記に目が留まりました。

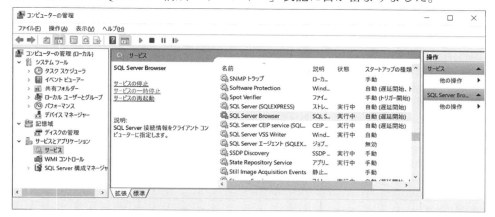

　そこで、この「コンピューターの管理」ウィンドウでもSSCMツールとしての利用が可能だと思いながら、その表示は変わったのだろうかと「SQL Server 構成マネージャー」表記直下の「SQL Server のサービス」をポイント後、下記のように「操作（A）－最新の情報に更新（F）」をクリックしました。

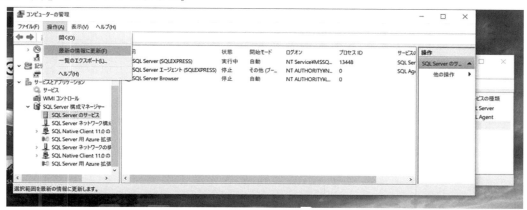

　クリック後、下記のように「SQL Server Browser」サービスが開始されて、「状態」が「実行中」表記となっていました。

もう一つのサービス「SQL Server エージェント（SQLEXPRESS）」についても同様の対応をとれば良いのではと思い、プロパティで「開始モード」を「無効」から「自動」に変更、同じ轍を踏まないように「サービスとアプリケーション」配下の「サービス」から開始しようと下記のように選択、「サービスの開始」をクリックしました。

待つこと暫く、下記ウィンドウが表示されました。

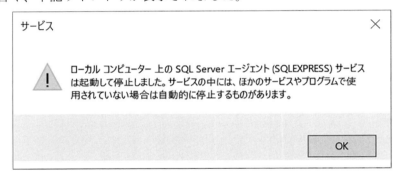

　後日、当「SQL Server エージェント」はジョブスケジュールなどを管理する運用系サービスであり、無償が故の Express 版の代表的な制限事項に該当するものだと分かりましたが、SSCM 上でサービスとして表記されていたのは何のためかは不明でした。

　これで、サーバーへの接続エラー発生時ウィンドウ内の追加情報冒頭の「SQL Server への接続を確立しているときにネットワーク関連またはインスタンス固有のエラーが発生しました。」の「インスタンス固有のエラー」については解消されたと思い、SSMS 再起動後の「サーバーへの接続」ウィンドウで「接続（C）」をクリックしました。

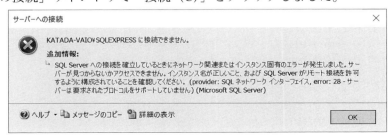

付録A　SSMSのサーバーへの接続不可対応詳細

　暫く待っていると前頁のように同じエラーが発生したのかと思いましたが、「追加情報：」冒頭は同じですがその後半以降は「error: 28- サーバーは要求されたプロトコルをサポートしていません」より、このエラーは「SQL Serverへの接続を確立しているときにネットワーク関連またはインスタンス固有のエラーが発生しました。」の「ネットワーク関連」が原因と絞れます。

　「ネットワーク関連」についても同様に、この「コンピューターの管理」ウィンドウでSSCMツールの利用が可能だと思い、「SQL Server 構成マネージャー」表記下の「SQL Server ネットワークの構成」を展開、「SQLEXPRESSのプロトコル」をクリックすると下記が表示されました。

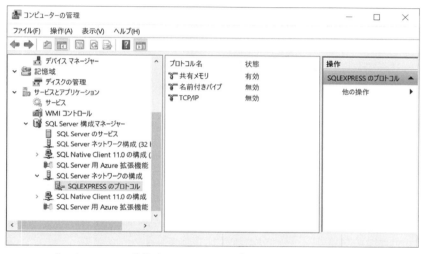

　表示されているプロトコルで「共有メモリ」は「有効」につき、ネットワーク関連で先に有効化すべきは「TCP/IP」と思い、それで再度接続エラーとなった場合に「名前付きパイプ」だろうと自分なりの解釈で、「TCP/IP」を下記操作にて「有効にする（E）」をクリックしました。

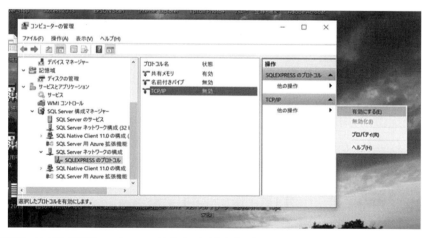

　すると即座に次頁「警告」ウィンドウが表示されました。

145

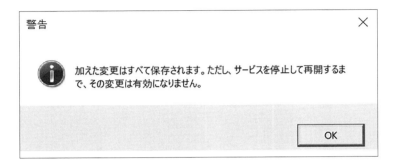

　そこで、ダメ元でSSCM上での「SQL Server Browser」サービスと同様の方法により「再起動（T）」をクリックしました。

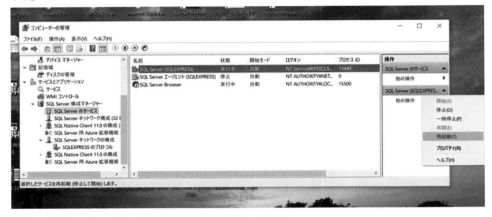

　まずは、下記のサービス停止処理が実行されました。

　その後、サービス開始処理が実行されました。

　暫く待っていると、次頁のようにSSCM上では「SQL Server Browser」サービスと同様、開始されず同じ轍を踏んでしまいました。

付録A　SSMSのサーバーへの接続不可対応詳細

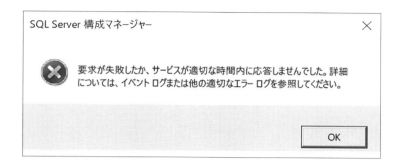

　そこで、「SQL Server Browser」サービスと同様に「コンピューターの管理」ウィンドウで表示される「サービスとアプリケーション」配下の「サービス」より、「SQL Server（SQLEXPRESS）」サービスを開始させました。（下記参照）

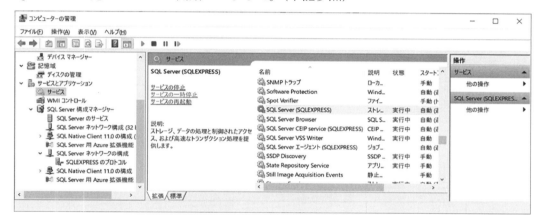

　その後に、SSMS起動後に表示された「サーバーへの接続」ウィンドウで「接続（C）」クリック後の即座に近い時間差で下記ウィンドウが表示され、「サーバーへの接続」ができました。
　プロトコルは「TCP/IP」の先の選択に間違いは無く、「名前付きパイプ」は有効化しませんでした。

左フレームの「オブジェクトエクスプローラー」内には接続したデータベースエンジンが「サーバー名」、「SQL Server 2022 のバージョン」、「ログインしたユーザー」の文字列を結合した「KATADA-VAIO¥SQLEXPRESS（SQL Server 16.0.1050 - KATADA-VAIO¥katada）」が表示されています。

　その直下には「サーバー名：KATADA-VAIO¥SQLEXPRESS」に対するカテゴリごとに纏められた各種操作の階層最上段メニューが表示されています。

付録B　SSMSのサーバーへの接続対応と確認

　当付録は、「付録A　SSMSのサーバーへの接続不可対応詳細」から抜粋したもので、本文「2-4-3 別デバイスへのインストール後に発生した接続エラー」で触れているように、「KATADA-PC」のSQL Serverを他パソコンからネット利用する場合にも必要な対応となります。

　対応することは以下の2点です。

　1．「SQL Server Browser」サービスの開始
　2．ネットワークプロトコル「TCP/IP」の有効化

　以降、順に列記していきます。

1．「**SQL Server Browser**」サービスの開始対応
「スタート（右クリックメニュー）」から「コンピューターの管理（G）」をクリックし、下記「コンピューターの管理」ウィンドウを表示します。

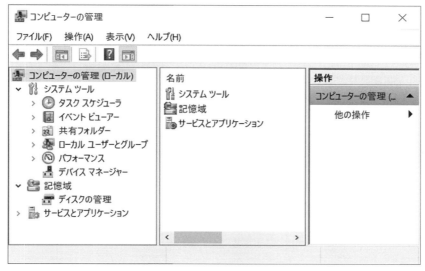

　左フレーム内最下段の「サービスとアプリケーション」展開後の「サービス」クリック後、下方へのスクロールにより「SQL Server Browser」を表示、クリックして選択します。
（次頁参照）
「状態」が何も表示されておらず、「スタートアップの種類」が「無効」になっています。

　この「SQL Server Browser」サービスの上に表示されている「SQL Server（SQLEXPRESS）」サービスと同様に、「状態」が「実行中」に「スタートアップの種類」が「自動（遅延開始）」に表示されるようにします。

　「SQL Server Browser」サービスの右クリックメニューから下記のように「プロパティ（R）」をクリックします。

　表示された右記「（ローカルコンピューター）SQL Server Browser のプロパティ」ウィンドウの「全般」タブ内の「スタートアップの種類（E）」が「無効」に表示されていますので、プルダウンメニューから「自動（遅延開始）」を選択後、表示が変更されたことを確認し、「OK」をクリックします。

　すると次頁のように、「コンピューターの管理」ウィンドウ内「サービス」の「SQL Server Browser」の「スタートアップの種類」が「自動（遅延開始）」表示となり、左側には紫色の「サービスの開始」文字が出力されています。

付録B　SSMSのサーバーへの接続対応と確認

「サービスの開始」文字をクリックすると、下記「サービスコントロール」ウィンドウが表示されます。

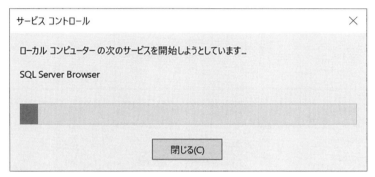

ウィンドウ内の「SQL Server Browser」のサービス開始進行中を表すバーが、完了する以前に当ウィンドウは消滅し下記の表示となります。

ウィンドウ内「サービス」の「SQL Server Browser」の「状態」が「実行中」表示となり、左側には紫色の「サービスの停止」、「サービスの再起動」と水色の「サービスの一時停止」文字が出力され、「SQL Server Browser」のサービス開始対応が終了しました。

２．ネットワークプロトコル「**TCP/IP**」の有効化対応

「コンピューターの管理」ウィンドウを表示していない場合、「スタート（右クリックメニュー）」から「コンピューターの管理（G）」をクリックします。

　左フレーム内最下段の「サービスとアプリケーション」－「SQL Server 構成マネージャー」－「SQL

Server ネットワークの構成」と順に展開し、「SQLEXPRESS のプロトコル」をクリックした結果が下記ウィンドウです。

中央フレーム内のプロトコル名「TCP/IP」の「状態」が「無効」となっていたら、下記のようにこれを右クリックメニューから「有効にする（E）」を選択します。

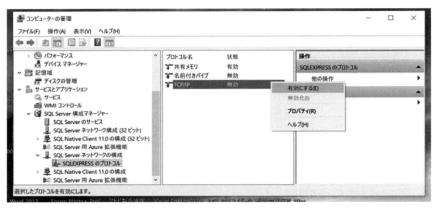

変更が可能な場合、下記「警告」ウィンドウが表示されます。

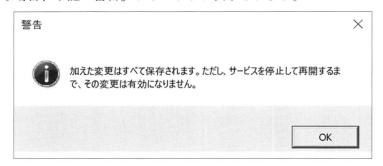

ここで指定されているサービスは「SQL Server（SQLEXPRESS）」ですので、上記「コンピューターの管理」ウィンドウ内「サービスとアプリケーション」－「サービス」から下方へのスクロールにより「SQL Server（SQLEXPRESS）」を表示、クリックして選択します。（次頁参照）

付録B　SSMSのサーバーへの接続対応と確認

　左側に表示されている「サービスの再起動」文字列をクリックして再起動します。

「SQL Server 構成マネージャー」－「SQL Server のサービス」から「SQL Server (SQLEXPRESS)」の右クリックメニューでも再起動は可能です。しかし、この方法

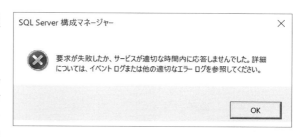

は「停止」は可能ですが「開始」中に右記エラーウィンドウが表示されるケースが多く、結果として上記方法で「サービスの開始」をクリックします。

　以上の2点の設定にて対応終了です。

「KATADA-VAIO」での「サーバーへの接続」確認を以下に記載しています。

　SSMS 起動後に表示された「サーバーへの接続」ウィンドウで「接続 (C)」クリック後の即座に近い時間差で下記ウィンドウが表示されました。

　左フレームの「オブジェクトエクスプローラー」内には接続したデータベースエンジンが「サーバー名」、「SQL Server 2022 のバージョン」、「ログインしたユーザー」の文字列を結合した「KATADA-VAIO¥SQLEXPRESS（SQL Server 16.0.1050 - KATADA-VAIO¥katada）」が表示され、接続確認が取れました。

付録C 「新しいデータベース」ウィンドウの補足

当付録は、本文「3-1 データベースを作成する」で紹介している「新しいデータベース」ウィンドウの最低限必要な項目以外についての補足です。

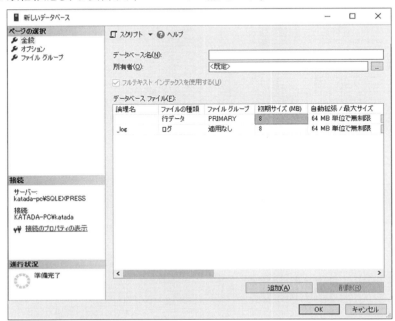

右フレームに表示されている設定項目などは、左フレーム内トップメニュー「ページの選択」の「全般」にあたり、これ以外に「オプション」、「ファイルグループ」が見え、「ページの選択」文字右側に「スクリプト」、「ヘルプ」の文字が見えます。

当付録では「全般－データベースファイル (F)」、「ファイルグループ」、「オプション－復旧モデル」と、「スクリプト」などについて補足させて頂きますが、ユーザ目線につき詳細説明とまではならないのでご容赦願います。

本文では作成するデータベースの名前のみを設定し、それ以外の項目についてはデフォルトで初期設定されている数字や文字列に基づいてデータベースを作成していますが、当付録の記載内容に基づいて再作成したくなるかもしれません。

その場合、作成済データベース選択後の右クリックメニュー下部に表示される「削除 (D)」クリックにて表示される「オブジェクトの削除」ウィンドウで、右フレームに表示される「削除するオブジェクト (O)」の確認後、「OK」クリックで削除されて作成し直すことになりますが、テーブル作成前に行いましょう。

付録C 「新しいデータベース」ウィンドウの補足

C-1　初期ウィンドウ「データベースファイル (F)」内「初期サイズ (MB)」

　「データベースファイル (F)」フレーム内を横スクロールバーの操作あるいはウィンドウ枠の拡大によりこのフレームを俯瞰してみると、これから作成するデータベースの属性であり、言い換えればプロパティだと認識することができます。

　本文では「データベース名 (N)」テキストボックスに「taro」の記入のみにて、「OK」ボタンをクリックしてデータベースを作成していますが、補足事項は「初期サイズ (MB)」をデフォルト表示よりも大きな数字設定が好ましいということです。

　これから作成するテーブルのデータ件数が増えたり新たにテーブルを作成し、検索効率を高める索引なども作成すると、いつの間にかデータベースサイズが初期サイズ 8 MB を超えた場合、「初期サイズ (MB)」欄右の「自動拡張 / 最大サイズ」欄の記載内容に基づいて自動拡張されます。

　初期設定では共に「64 MB 単位で無制限」が表示されていますが、変更する場合は同一枠内に有る「...」が記されている四角形クリックにより、自動拡張の無効化あるいは任意の拡張数値に変更します。

　自動拡張で行う詳細な処理は SQL Server マニュアルまたは関連書籍を参照願いますが、記憶装置上に確保する領域をデータベース仕様にフォーマットする処理を含めて幾つかのプロセスがオーバヘッドとして発生、自動拡張の契機となった処理と並行し負荷が掛かり、フリーズしているかのように感じられます。

　また、自動拡張で確保される領域はハードディスクあるいは SSD 内に物理的に連続した領域として確保されるかは不明であり、分散して確保された場合には読み込み、書き込み時に非効率になると予想されます。

　私の場合、ディスク容量にも余裕が有るので「ファイルの種類：行データ」の「初期サイズ (MB)」を取り敢えず「1,000 (MB)」、データベースに関わる操作を履歴として格納する「ファイルの種類：ログ」の「初期サイズ (MB)」を「100 (MB)」に設定し、「自動拡張 / 最大サイズ」欄はデフォルト表示のままで万が一の保険と位置づけました。

　「OK」をクリックすると「初期サイズ (MB)：8 MB」の場合と異なり、若干の間が有って「taro」データベースが作成され、この時間差を少し深掘りすると記憶装置上に確保する領域を増やしたが為のフォーマットに擁した差だと推定しました。

　私の Express 版インストール先デバイス：KATADA-PC の記録装置は HDD につき時間差を大きく感じましたが、SSD の場合は「初期サイズ (MB)」を大きく取ってもその違いは大きくはない筈です。

C-2　初期ウィンドウ「データベースファイル（F）」内「パス」

「自動拡張 / 最大サイズ」欄右の「パス」は、これから作成するデータベースの物理的ファイルの確保先を表示しており、そのパスをエクスプローラーで覗いてみると既に幾つかのファイルが作成されています。

　Express 版インストール時の「SQL Server のインストールの場所を指定する」に対して、デフォルト表示（C:¥Program Files¥Microsoft SQL Server）のままインストールを開始した以降、自動的にサブフォルダー群を作成、その中の「¥MSSQL16.SQLEXPRESS¥MSSQL¥DATA¥」に管理目的用にこれらが作成されています。

　エクスプローラで覗いているこのフォルダーには拡張子「mdf（master database file）」と「ldf（log database file）」が目立ちますが、よくよく見ると本文で「taro」データベースを作成したときの行データファイル名「taro.mdf」とログファイル名「taro_log.ldf」が見えています。

　この「パス」を変更することができることから、「taro」も含めてこれから作成しようとするデータベースの物理的ファイルの格納先を、インストール時に指定したフォルダー以外に作成することができることになります。

　これは何を意味するかということになり幾つか想定され、次節で補足している「追加（A）」ボタンを利用して行データファイルを分散確保する場合が多いかと思われますが、ここでは Express 版以外の商用運用でリスク回避目的に留めておきます。

C-3　初期ウィンドウ「追加（A）」ボタンとファイルグループ

「taro」データベース作成と同時に「行データ」ファイルの追加作成、または「taro」データベースを作成した以降に、「SSMS － データベース － taro 右クリックメニュー最下部のプロパティ（R）」選択後に表示される左フレーム内「ページの選択－ File」にて、「追加（A）」ボタンをクリックできます。

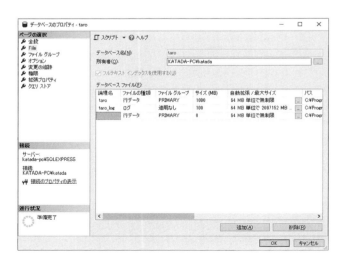

　右記は、「taro」データベース作成以降に上記方法により、「追加（A）」ボタンクリック直後の「データベースのプロパティ -taro」ウィンドウですが、注意深く見ると「論

理名：taro_log」の「自動拡張 / 最大サイズ」はデフォルト表示「64 MB 単位で無制限」で作成したはずでしたが「64 MB 単位で 2097152 MB...」になっています。

　この表示変化について検索語をいろいろと試してみましたが、「オフィシャルマニュアルによればログファイルのサイズは 2,097,152 MB ≒ 2 TB」だとのことしか分からず、取り敢えず無制限設定時はシステムが制限設定するということらしいです。

「行データ」追加に戻ります。「追加（A）」クリック直後は「論理名」を先に設定するように強調表示され、「自動拡張 / 最大サイズ」と「パス」も設定可能となっていますが、「論理名」設定前に「ファイルグループ」欄の「PRIMARY」表示をクリックすると、右記のように「〈新しいファイル...」が選択できそうなので、これをクリックしてみたら、下記「taroの新しいファイルグループ」ウィンドウが表示されました。

　ウィンドウ内下方に「現在の既定のファイルグループ：PRIMARY」に対しての意味合いを込めて、「名前（N）:」のテキストボックスに「SECONDARY」と設定して活性化された

「OK」をクリックした結果、どうやら認知されたようで「論理名」は「taros」を設定し、プロパティウィンドウ枠外の「OK」をクリックした結果が下記です。

そこで「ファイルグループ」につき「SQL Server ファイルグループとは」にて検索した結果、以下の解を得て「成る程」と納得しました。

　　「ファイルグループは、データベースの管理、オブジェクト（テーブル、インデックスなど）の割り当て／分離などをしやすくするための機能になります。

　　一般的に小規模データベースの場合はあまり意識しなくても問題ないと思いますが、大規模データベースの場合、ファイル グループ単位のバックアップ、リストアが可能であったり、ディスク I/O の負荷分散を実施するために データベース物理ファイルを複数のドライブに配置したり、また、インデックスとテーブルを完全に分離したい（パフォーマンス チューニングのテクニック）場合などに考慮することになるかと思います。」

これは、「https://www.nobtak.com/entry/sqlb02#:~:」から引用抜粋しました。

ところで、右端の「ファイル名」の識別子が「ndf」となっており、どこを探しても見つからず、勝手に「next database file」の略と理解した方が適切だと思いました。

C-4　「オプションー復旧モデル」

「オプションー復旧モデル」は、前節同様に「taro」データベース作成と同時に、または「taro」データベースを作成した以降に、「SSMS －データベース－ taro 右クリックメニュー最下部のプロパティ（R）」選択後に表示される左フレーム内「ページの選択－オプション」にて、「復旧モデル（M）」の変更ができます。

下記に表示されているように、復旧モデルには、「完全」、「一括ログ」と「単純」の3つのモデルが有り、インストールするバージョンの違いからExpress版では「単純」が、Express版以外では「完全」が初期設定で選択されています。

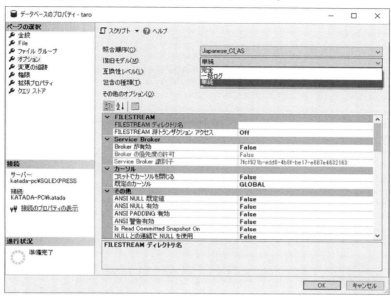

　この「復旧モデル」は、データベースに障害が発生した場合の復旧方法の違いを表し、データベースの完全なバックアップを行っていることが前提です。

　「単純」はその字の通り最もシンプルで、通常前日最後にバックアップを取得しておき、障害発生時にバックアップから戻し、障害発生直前まで再度更新処理が可能であれば良しとする方法で、「単純」を選択するのが現実的とされています。

　「完全」は通常前日最後にバックアップを取得しておき、障害発生時にバックアップから戻して、障害発生直前の状態までにログを使用して自動更新を行い復旧させますが、肥大化するログの定期的なバックアップと消し込みにてディスク容量の管理が発生します。

　「単純」でもログの書き込みは発生しますが、メモリ上の更新内容が物理的に書き込みが完了すると、ログが自動的に消し込みされる仕組みなので肥大化されず管理不要です。

　「一括ログ」は「完全」を補完するものとされ単独で利用することは無く、詳細はユーザ目線の範囲を超えていますのでサイト「https://kajiblo.com/sqlserver-restoremodel/」をご覧頂くのが妥当と思います。

　Express版利用中は、初期設定の「単純」で利用日最後にバックアップを取得しておき、翌日以降に万が一にも障害が発生した場合はバックアップから戻し、記憶を辿りながら再度更新処理を行いましょう。

C-5 スクリプト

「新しいデータベース」ウィンドウで「データベース名」設定後「OK」をクリックする前に、ウィンドウ内最上段に表示されている「スクリプト」文字右横のドロップダウンメニューをクリックすると、以下のように最上段に「スクリプト操作を新規クエリウィンドウに保存　Ctrl＋Shift＋N」が表示されます。

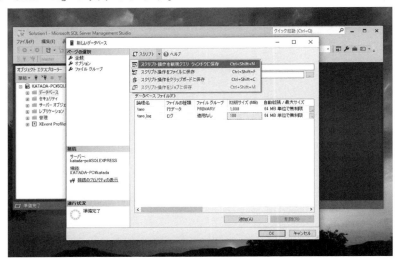

これをクリックすると、「新しいデータベース」ウィンドウの後面（あるいは背面）の今まで何も表示されていなかった右フレームに以下のように、青、黒、赤色のSQLのコマンド文字列が表示されています。

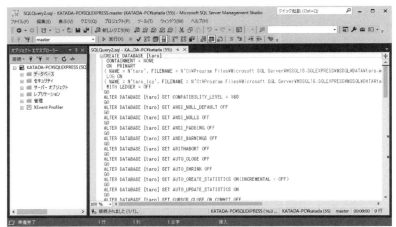

この状態で活性化表示されたコマンドアイコン「▶ 実行 (X)」をクリックすると暫くして、次頁のように右フレーム下部に「コマンドは正常に完了しました。」と、「完了時刻：……」の文字列が「メッセージ」タブ内に表示されました。

付録C 「新しいデータベース」ウィンドウの補足

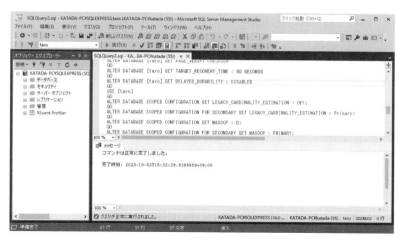

　本文「3-1 データベースを作成する」では「新しいデータベース」ウィンドウにて「データベース名」設定後に「OK」をクリックすると、「taro」データベースが左フレーム内の「データベース」配下に表示されていました。

　この方法による場合は、左フレーム内の「データベース」右クリックメニュー最下部に表示される「最新の情報に更新（F）」をクリックすると、新規作成した「taro」データベースが同様に表示されます。

　このように左フレーム内で選択したツールウィンドウなどで「スクリプト」文字が表記される場合、必須項目設定後にドロップダウンメニューから「スクリプト操作を新規クエリウィンドウに保存　Ctrl＋Shift＋N」をクリックすると、データベース作成時の実際に実行されるコマンド文字列が表示されますので、興味のある方はマニュアル片手にチャレンジしてみてください。

　下記は、青、黒、赤色の文字列表示後に、タブメニューの「編集（E）－すべて選択（A）」、再度「編集（E）－コピー（C）」にて「メモ帳」に貼り付けたものです。

```
CREATE DATABASE [taro]
CONTAINMENT = NONE
ON  PRIMARY
(NAME = N'taro', FILENAME = N'C:¥Program Files¥Microsoft SQL Server¥MSSQL16.SQLEXPRESS¥MSSQL¥DATA¥taro.mdf', SIZE = 1024000KB, FILEGROWTH = 65536KB)
LOG ON
(NAME = N'taro_log', FILENAME = N'C:¥Program Files¥Microsoft SQL Server¥MSSQL16.SQLEXPRESS¥MSSQL¥DATA¥taro_log.ldf', SIZE = 102400KB, FILEGROWTH = 65536KB)
WITH LEDGER = OFF
GO
ALTER DATABASE [taro] SET COMPATIBILITY_LEVEL = 160
```

```
GO
ALTER DATABASE [taro] SET ANSI_NULL_DEFAULT OFF
GO
ALTER DATABASE [taro] SET ANSI_NULLS OFF
GO
ALTER DATABASE [taro] SET ANSI_PADDING OFF
GO
ALTER DATABASE [taro] SET ANSI_WARNINGS OFF
GO
ALTER DATABASE [taro] SET ARITHABORT OFF
GO
ALTER DATABASE [taro] SET AUTO_CLOSE OFF
GO
ALTER DATABASE [taro] SET AUTO_SHRINK OFF
GO
ALTER DATABASE [taro] SET AUTO_CREATE_STATISTICS ON(INCREMENTAL = OFF)
GO
ALTER DATABASE [taro] SET AUTO_UPDATE_STATISTICS ON
GO
ALTER DATABASE [taro] SET CURSOR_CLOSE_ON_COMMIT OFF
GO
ALTER DATABASE [taro] SET CURSOR_DEFAULT GLOBAL
GO
ALTER DATABASE [taro] SET CONCAT_NULL_YIELDS_NULL OFF
GO
ALTER DATABASE [taro] SET NUMERIC_ROUNDABORT OFF
GO
ALTER DATABASE [taro] SET QUOTED_IDENTIFIER OFF
GO
ALTER DATABASE [taro] SET RECURSIVE_TRIGGERS OFF
GO
ALTER DATABASE [taro] SET  DISABLE_BROKER
GO
ALTER DATABASE [taro] SET AUTO_UPDATE_STATISTICS_ASYNC OFF
GO
ALTER DATABASE [taro] SET DATE_CORRELATION_OPTIMIZATION OFF
GO
ALTER DATABASE [taro] SET PARAMETERIZATION SIMPLE
GO
```

```
ALTER DATABASE [taro] SET READ_COMMITTED_SNAPSHOT OFF
GO
ALTER DATABASE [taro] SET  READ_WRITE
GO
ALTER DATABASE [taro] SET RECOVERY SIMPLE
GO
ALTER DATABASE [taro] SET  MULTI_USER
GO
ALTER DATABASE [taro] SET PAGE_VERIFY CHECKSUM
GO
ALTER DATABASE [taro] SET TARGET_RECOVERY_TIME = 60 SECONDS
GO
ALTER DATABASE [taro] SET DELAYED_DURABILITY = DISABLED
GO
USE [taro]
GO
ALTER DATABASE SCOPED CONFIGURATION SET LEGACY_CARDINALITY_ESTIMATION = Off;
GO
ALTER DATABASE SCOPED CONFIGURATION FOR SECONDARY SET LEGACY_CARDINALITY_ESTIMATION = Primary;
GO
ALTER DATABASE SCOPED CONFIGURATION SET MAXDOP = 0;
GO
ALTER DATABASE SCOPED CONFIGURATION FOR SECONDARY SET MAXDOP = PRIMARY;
GO
ALTER DATABASE SCOPED CONFIGURATION SET PARAMETER_SNIFFING = On;
GO
ALTER DATABASE SCOPED CONFIGURATION FOR SECONDARY SET PARAMETER_SNIFFING = Primary;
GO
ALTER DATABASE SCOPED CONFIGURATION SET QUERY_OPTIMIZER_HOTFIXES = Off;
GO
ALTER DATABASE SCOPED CONFIGURATION FOR SECONDARY SET QUERY_OPTIMIZER_HOTFIXES = Primary;
GO
USE [taro]
GO
```

```
IF NOT EXISTS (SELECT name FROM sys.filegroups WHERE is_default = 1 AND name =
N'PRIMARY') ALTER DATABASE [taro] MODIFY FILEGROUP [PRIMARY] DEFAULT
GO
```

コマンドアイコン「▶ 実行（X）」のクリックによりこれだけのSQLコマンドが実行されていますが、「新しいデータベース」ウィンドウで「データベース名」設定後「OK」をクリックした場合に、目に見えないところでこれだけのSQLコマンドが実行されています。

「GO」コマンドが1行おきに表示されていますがSQLのコマンドではなく、直前までのSQLコマンドをSQL Server自身に実行させる契機のようなものだと思われ、SQL Server専用のコマンドと関連書籍やマニュアルなどで紹介されています。

「GO」コマンドは本文で随時出現する都度、その機能について触れていますので参考にしてください。

付録D　疑似生成サービスからCSVデータを作成

当付録は、本文「3-2 住所録テーブルを作成する」で紹介している「疑似個人情報データ生成サービス」の利用から「氏名,郵便番号,住所,補助住所」のCSVデータ作成までを纏めています。

D-1　「疑似個人情報データ生成サービス」からExcelで情報取得

「疑似個人情報データ生成サービス」にアクセスして表示されたページ内の「生成を開始する」をクリックすると、「疑似個人情報生成－生成条件入力」ページが表示されます。

「生成項目」は「氏名：漢字のみ」、「住所：漢字のみ」を指定し、それ以外でチェックされている項目は不要につき「✓」をクリックして除外し、「氏名：」の「姓と名の区切り：」はドロップダウンリスト項目から「全角スペース」を選択しました。

「生成条件（オプション）」は「生成する件数：」を「100件」、「年齢の範囲：」では「30歳代～70歳代」と私自身に照らして選択、「男女比率：」と「住所範囲：」は初期設定のままとして、「生成」をクリックしました。

表示された「疑似個人情報生成－生成結果」ページ内の「ダウンロード形式：」は「Microsoft Excel」を選択し「ダウンロード」をクリックしました。

私が通常利用するブラウザーアプリは「Microsoft Edge」で、ダウンロード時の「名前を付けて保...」選択から表示された「名前を付けて保存」ウィンドウ内では、「ファイルの種類（T）:」が「Microsoft Excel 97-2003 Worksheet（*.xls）」なので「すべてのファイル（*.*）」にて保存しました。

保存後は「疑似個人情報生成－生成結果」ページ内の「終了」クリック後、ブラウザーを閉じます。

保存された「personal_infomation.xls」をWクリックして開こうとすると下記ウィンドウが表示されましたが、私が利用しているExcelバージョンが2013でダウンロード時の上記ファイルの種類との不整合、発行元が明確であることから「はい（Y）」をクリックしました。

ファイルを開いても下記のような注意メッセージが上部に表示されました。

最終的にCSVデータとして作成しなければならないため、「編集を有効にする（E）」をクリックして得られた結果が下記です。

尚、万が一を防ぐため取得後、「氏名」、「住所」の一部を削除または「○」で置換しています。

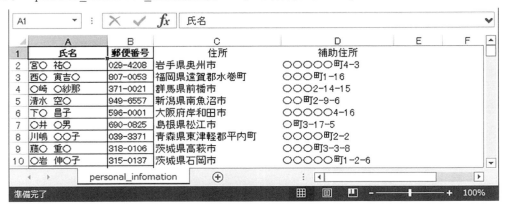

D-2　取得したExcelからCSVデータ作成

本文で紹介しているように、「都道府県、市区町村」を「住所」、それ以降を「補助住所」となるように、関数「CONCATENATE」を利用、「コピー」による関数複写、値複写を経て1行目の項目標題編集後、「名前を付けて保存」で「Excelブック（*.xlsx）」を選択し、取り敢えず「personal_infomation_住所編集後.xlsx」を作成しました。

このまま続けて、本文第3章冒頭で紹介している「ファイル－名前を付けて保存－現在のフォルダー（で結構です）－ファイルの種類（T）のドロップダウンリスト－CSV（カンマ

区切り）（*.csv）」にて下記「personal_infomation_住所編集後.csv」を作成しました。

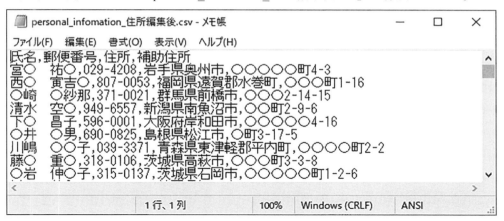

付録E　郵便番号テーブルの作成手順

　当付録は、本文第4章の《コラム：アイコン「データの取得の停止」の機能を確認》の事例を紹介するために利用したテーブル「jpn001_郵便番号」や「jpn002_自治体」の作成手順を記載しています。

　尚、当記載内容は拙著『ユーザ目線のSQL等活用術』（2017年3月初版発行）の「付録B　利用テーブルについて」で記載のOracleスクリプトをSQL Server用に書き換えて加筆したものです。

　コラム内でも記載していますが、第5章を読み進んでからが理解し易い内容となっています。

E-1　郵便番号データのダウンロード

　日本郵便株式会社の郵便番号データダウンロードサイト https://www.post.japanpost.jp/zipcode/download.html から、文字列「▪読み仮名データの促音・拗音を小書きで表記しないもの」をポイント後にクリックします。（下記参照）

　クリック後に表示された https://www.post.japanpost.jp/zipcode/dl/oogaki-zip.html の「ご利用上のご注意」（赤色文字）に目を通してから、「都道府県一覧」（赤色文字）の最終行に配置されている「全国一括（1,692,204 Byte）」（取得日により変動）を選択（クリック）すると、ダウンロードウィンドウが表示されます。（次頁参照）

付録E　郵便番号テーブルの作成手順

　私の場合は「名前を付けて...」により、事前に作成してある「D:¥MyjobSS¥data」に「ken_all.zip」を保存し、拡張子が「zip」形式の圧縮ファイルにつき「ken_all.zip」ポイント後の右クリックメニューから「すべて展開（T）...」により、「ken_all」フォルダーが自動作成され「KEN_ALL.CSV」ファイルとして解凍されました。

E-2　テーブル作成用各種スクリプト作成

　テーブル「郵便番号」を定義する create table 文は、「ご利用上のご注意」文言上の「郵便番号データの説明」文字列クリック先サイト https://www.post.japanpost.jp/zipcode/dl/readme.html 内に記載されている「留意点」―「郵便番号データファイルの形式等」を精読しました。

E-2-1　テーブル定義

　留意点サイトに基づき、項目名「全国地方公共団体コード」は「自治体CD」とし、項番10.～15.はそれぞれ「区分1」～「区分6」とするなど下記スクリプト「jpn001_郵便番号.sql」を作成、事前作成してある「D:¥MyjobSS¥sql¥table」フォルダーに格納しました。

「郵便番号」テーブル定義作成スクリプト：jpn001_郵便番号.sql

```
use taro                                -- データベースtaroの利用宣言
select getdate();                       -- 処理前日時を取得
drop table if exists jpn001_郵便番号;
create table jpn001_郵便番号(
自治体CD              int,
旧郵便番号            varchar(5),
郵便番号              int,
カナ都道府県          varchar(10),
カナ市区町村          varchar(30),
カナ町域              varchar(80),
都道府県              varchar(10),
市区町村              varchar(30),
町域                  varchar(80),
区分1                 tinyint,          -- 1:一つの町域が二つ以上の郵便番号で表示。
区分2                 tinyint,          -- 1:小字毎に番地が起番されている町域。
```

```
    区分3              tinyint,           -- 1:丁目を有する町域。
    区分4              tinyint,           -- 1:一つの郵便番号で二つ以上の町域を表示。
    区分5              tinyint,           -- 0:変更なし、1:変更あり、2:廃止。
    区分6              tinyint            -- 変更理由 0～6
    );
    select getdate();                     -- 処理後日時を取得
    go                                    -- T-SQL文バッチ終了をユーティリティに通知
    exit                                  -- OSに制御を戻す
```

E-2-2　テーブル取り込み

取得したダウンロード解凍後のCSVデータ「KEN_ALL.CSV」は、趣味の問題かもしれませんが「jpn001_郵便番号.csv」名にて事前作成してある「D:¥MyjobSS¥data」フォルダーに格納しました。

「jpn001_郵便番号.csv」をテーブルに取り込みを行う「bulk insert」コマンドを主とする下記スクリプト「jpn001_郵便番号.sql」を作成、事前作成してある「D:¥MyjobSS¥sql¥bulkin」フォルダーに格納しました。

「郵便番号」テーブルCSVデータ取込スクリプト：jpn001_郵便番号.sql

```
use taro
select getdate();
bulk insert jpn001_郵便番号 from 'D:¥MyjobSS¥data¥jpn001_郵便番号.csv' with
(fieldterminator = ',', errorfile = 'D:¥MyjobSS¥errorf¥jpn001_郵便番号.txt')
select getdate();
go
exit
```

E-2-3　索引設定

作成した「jpn001_郵便番号」テーブルのデータ行検索効率を高めるために3通りの索引を作成する下記スクリプト「jpn001_郵便番号.sql」を作成、事前作成してある「D:¥MyjobSS¥sql¥index」フォルダーに格納しました。

「郵便番号」テーブル索引設定スクリプト：jpn001_郵便番号.sql

```
use taro
select getdate() 索引設定;
create index postno   on jpn001_郵便番号(郵便番号);
create index placecd  on jpn001_郵便番号(自治体ＣＤ);
create index knj      on jpn001_郵便番号(都道府県,市区町村,町域);
select count(郵便番号) 件数 from jpn001_郵便番号;
select getdate();
```

```
go
```

E-2-4　実行用バッチファイル作成

　作成した各種スクリプトを実行、実行時ログを作成する下記バッチファイル「郵便番号作成.bat」を作成、事前作成してある「D:¥MyjobSS¥bat」フォルダーに格納しました。

「郵便番号」テーブル作成用バッチファイル：jpn001_郵便番号作成.bat

```
d:
cd ¥MyjobSS

sqlcmd /E /S localhost¥sqlexpress /i "sql¥table¥jpn001_郵便番号.sql" > log¥jpn001_郵便番号作成.log
jbd020n log¥jpn001_郵便番号作成.log
if exist log¥err_jpn001_郵便番号作成.log goto errlabel

if exist errorf¥jpn001_郵便番号*.*  del errorf¥jpn001_郵便番号*.*
sqlcmd /E /S localhost¥sqlexpress /i "sql¥bulkin¥jpn001_郵便番号.sql" >> log¥jpn001_郵便番号作成.log
jbd020n log¥jpn001_郵便番号作成.log
if exist log¥err_jpn001_郵便番号作成.log goto errlabel

sqlcmd /E /S localhost¥sqlexpress /i "sql¥index¥jpn001_郵便番号.sql" >> log¥jpn001_郵便番号作成.log
jbd020n log¥jpn001_郵便番号作成.log
if exist log¥err_jpn001_郵便番号作成.log goto errlabel

exit

:errlabel
pause
exit
```

E-3　テーブル作成実行

　前節で作成したバッチファイル「jpn001_郵便番号作成.bat」のWクリックまたはポイント後の右クリックメニュー「開く（O）」にて実行した結果、最終行に「続行するには何かキーを押してください...」のメッセージ表示のコマンドプロンプトが表示されました。

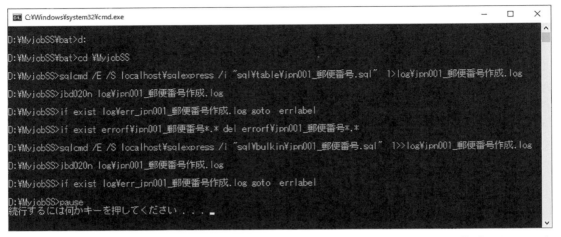

「jpn001_郵便番号作成.bat」の実行時にエラーが発生して処理が中断され、作成したバッチファイルとの突き合わせにより、以下の事象を確認できました。

bulkinスクリプト「jpn001_郵便番号.sql」にて何らかのエラーが発生して異常終了、次行の「jbd020n log¥jpn001_郵便番号作成.log」による実行時ログチェックでエラーメッセージのみの「err_jpn001_郵便番号作成.log」を作成し、次行の「if exist log¥err_jpn001_郵便番号作成.log goto errlabel」にて「pause」コマンドでの何らかのキー押下待ちとなりました。

まずは、事前作成してある「D:¥MyjobSS¥log」フォルダーに格納されている「jpn001_郵便番号作成.log」を確認することで下記がそのログです。

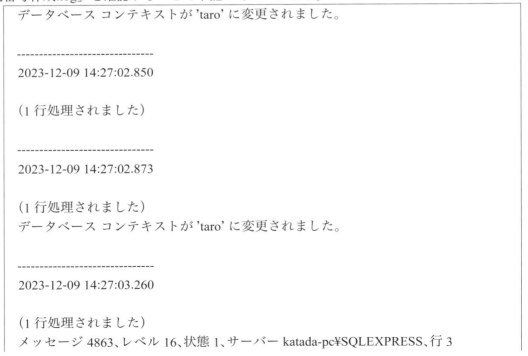

付録 E　郵便番号テーブルの作成手順

　　　　行 1、列 2 (旧郵便番号) の一括読み込みデータ変換エラー(切り捨て)。
　　　　メッセージ 4863、レベル 16、状態 1、サーバー katada-pc¥SQLEXPRESS、行 3
　　　　行 2、列 2 (旧郵便番号) の一括読み込みデータ変換エラー(切り捨て)。
　　　　メッセージ 4863、レベル 16、状態 1、サーバー katada-pc¥SQLEXPRESS、行 3
　　　　行 3、列 2 (旧郵便番号) の一括読み込みデータ変換エラー(切り捨て)。
　　　　メッセージ 4863、レベル 16、状態 1、サーバー katada-pc¥SQLEXPRESS、行 3
　　　　行 4、列 2 (旧郵便番号) の一括読み込みデータ変換エラー(切り捨て)。
　　　　メッセージ 4863、レベル 16、状態 1、サーバー katada-pc¥SQLEXPRESS、行 3
　　　　行 5、列 2 (旧郵便番号) の一括読み込みデータ変換エラー(切り捨て)。
　　　　メッセージ 4863、レベル 16、状態 1、サーバー katada-pc¥SQLEXPRESS、行 3
　　　　行 6、列 2 (旧郵便番号) の一括読み込みデータ変換エラー(切り捨て)。
　　　　メッセージ 4863、レベル 16、状態 1、サーバー katada-pc¥SQLEXPRESS、行 3
　　　　行 7、列 2 (旧郵便番号) の一括読み込みデータ変換エラー(切り捨て)。
　　　　メッセージ 4863、レベル 16、状態 1、サーバー katada-pc¥SQLEXPRESS、行 3
　　　　行 8、列 2 (旧郵便番号) の一括読み込みデータ変換エラー(切り捨て)。
　　　　メッセージ 4863、レベル 16、状態 1、サーバー katada-pc¥SQLEXPRESS、行 3
　　　　行 9、列 2 (旧郵便番号) の一括読み込みデータ変換エラー(切り捨て)。
　　　　メッセージ 4863、レベル 16、状態 1、サーバー katada-pc¥SQLEXPRESS、行 3
　　　　行 10、列 2 (旧郵便番号) の一括読み込みデータ変換エラー(切り捨て)。
　　　　メッセージ 4863、レベル 16、状態 1、サーバー katada-pc¥SQLEXPRESS、行 3
　　　　行 11、列 2 (旧郵便番号) の一括読み込みデータ変換エラー(切り捨て)。
　　　　メッセージ 4865、レベル 16、状態 1、サーバー katada-pc¥SQLEXPRESS、行 3
　　　　エラーの最大数 (10) を超えたので、一括読み込みできません。
　　　　メッセージ 7399、レベル 16、状態 1、サーバー katada-pc¥SQLEXPRESS、行 3
　　　　リンク サーバー "(null)" の OLE DB プロバイダー "BULK" により、エラーがレポー
　　　　トされました。プロバイダーからエラーに関する情報を取得できませんでした。
　　　　メッセージ 7330、レベル 16、状態 2、サーバー katada-pc¥SQLEXPRESS、行 3
　　　　リンク サーバー "(null)" の OLE DB プロバイダー "BULK" から行をフェッチでき
　　　　ません。

　実行時ログ情報以外に「bulk insert」コマンドの with オプション句で指定している「errorfile = 'D:¥MyjobSS¥errorf¥jpn001_郵便番号.txt'」により、エラー発生時には事前作成してある「D:¥MyjobSS¥errorf」フォルダーに「jpn001_郵便番号.txt」名でエラー情報を格納することを意味し、次頁は今回実行時の当該フォルダーです。

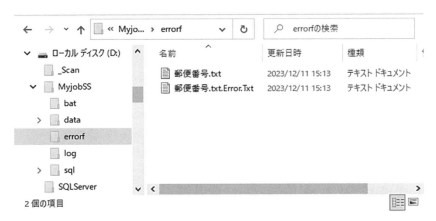

　このフォルダーには「jpn001_郵便番号.txt.Error.Txt」ファイルも同時に自動作成されており、下記にそれぞれ掲載しました。

　上記「jpn001_郵便番号作成.log」内の「エラーの最大数（10）を超えたので、一括読み込みできません。」により、「jpn001_郵便番号.txt」は入力 CSV データ、「jpn001_郵便番号.txt.Error.Txt」はその CSV データのエラー内容と思われますが、それぞれ11行が表示されています。

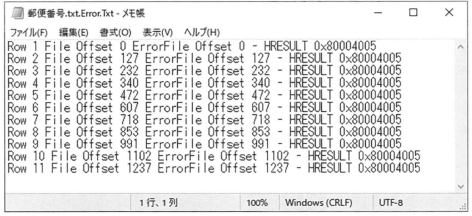

　「jpn001_郵便番号作成.log」内の下記メッセージにより、項目「旧郵便番号」に問題有りみたいです。（番号）は1から11の連番で、11件有ります。
　「メッセージ 4863、レベル 16、状態 1、サーバー katada-pc¥SQLEXPRESS、行 3

行（番号）、列2（旧郵便番号）の一括読み込みデータ変換エラー（切り捨て）。」

これらエラーメッセージの適宜適当な検索により、テーブル定義では項目「旧郵便番号」が可変長文字で最大5文字ですが、CSVデータ「jpn001_郵便番号.csv」の1行目は「"060 "」で半角空白2つとダブルクォーテーションを含め7文字と全てのCSVデータに原因が有ったみたいです。

因みに、先のサイト「郵便番号データの説明」-「留意点」には下記のセクションも有り、CSVデータの仕様通りだなと確認しました。

別途、項目がダブルクォーテーションで囲まれている場合の対応を検索によりいろいろと調査すると、「フォーマットファイル」が必要となり、さらに項目ごとに変換方法の指定が必要とのことで、ここは「ダブルクォーテーション」を削除してみようと思いました。

「jpn001_郵便番号.csv」は件数が10万件以上有りましたが幸いにも「メモ帳」で全件取り込めて、「編集（E）－置換（R）...」で「ダブルクォーテーション」削除後に「上書き保存（S）」が可能で、「jpn001_郵便番号作成.bat」内の「if exist error¥jpn001_郵便番号*.* del error¥jpn001_郵便番号*.*」を確認後、再実行しました。

すると、最終行に「続行するには何かキーを押してください...」のメッセージ表示のコマンドプロンプトの表示もされずに見た目に正常終了はされていましたが、「D:¥MyjobSS¥log」フォルダーに格納されていた「err_jpn001_郵便番号作成.log」は無く、「jpn001_郵便番号作成.log」のみを確認して一安心。

更に、「jpn001_郵便番号作成.log」を開いて目を通し、正常終了を確信しました。（下記参照）

```
データベース コンテキストが'taro'に変更されました。

-----------------------------
2023-12-08 16:36:33.890

(1行処理されました)
```

```
------------------------------
2023-12-08 16:36:33.907

(1 行処理されました)
データベース コンテキストが 'taro' に変更されました。

------------------------------
2023-12-08 16:36:34.133

(1 行処理されました)

(124669 行処理されました)

------------------------------
2023-12-08 16:36:35.150

(1 行処理されました)
データベース コンテキストが 'taro' に変更されました。
索引設定
------------------------------
2023-12-08 16:36:35.343

(1 行処理されました)
件数
-----------
    124678

(1 行処理されました)

------------------------------
2023-12-08 16:36:36.507

(1 行処理されました)
```

　尚、今回は「jpn001_郵便番号.csv」の全項目が項目囲み文字「"」で囲まれていなかったため、「メモ帳」にて「"」を削除して一括追加しました。

　但し、後日に本文『5-3-3 ファイル「fut001_w通帳取込履歴.csv」のテーブル一括追加』記載の「format = 'csv'」を「with」句内に追記し、一括追加を別途実行してみたところ正常に処理されました。

E-4　テーブル「jpn001_郵便番号」からテーブル「jpn002_自治体」を作成

　当付録は、「都道府県名」や「市区町村名」などの類似項目を保有していても、これらに該当するコードを保有していないテーブルに、当該コード付加を目的としたテーブル「jpn002_自治体」をテーブル「jpn001_郵便番号」から作成するT-SQLスクリプトを記載しています。

```
use taro
select getdate() 処理開始;
drop table if exists jpn002_自治体;
go
create table jpn002_自治体(
都道府県CD          tinyint,
市区町村CD          smallint,
都道府県            varchar(10),
市区町村            varchar(30),
カナ都道府県        varchar(10),
カナ市区町村        varchar(30)
);

insert into jpn002_自治体
select distinct
        floor(自治体CD / 1000),
        自治体CD % 1000,
        都道府県, 市区町村,
        カナ都道府県, カナ市区町村
  from jpn001_郵便番号
 group by 自治体CD, 都道府県, 市区町村, カナ都道府県, カナ市区町村;

create unique clustered index jpn002_pk on jpn002_自治体(都道府県CD, 市区町村CD);
create                index jpn002_knj on jpn002_自治体(都道府県, 市区町村);

select count(都道府県CD) 件数 from jpn002_自治体;
select getdate()  処理終了;
go

exit
```

　テーブル「jpn001_郵便番号」を「自治体CD, 都道府県, 市区町村」により「group by」句にて取り纏め、「distinct」句で重複を排除し一本化しています。

　作成した上記スクリプトを「D:¥MyjobSS¥sql¥t-sql」フォルダーに格納、実行させる次頁

バッチファイル「jpn002_自治体作成.bat」を作成、「D:¥MyjobSS¥bat」フォルダーに格納しました。

```
d:
cd ¥MyjobSS

sqlcmd /E /S localhost¥sqlexpress /i "sql¥t-sql¥jpn002_自治体作成.sql" > log¥jpn002_自治体作成.log
jbd020n log¥jpn002_自治体作成.log
if exist  log¥err_jpn002_自治体作成.log  goto  errlabel

exit

:errlabel
pause
exit
```

下記は上記バッチファイル実行時ログ「jpn002_自治体作成.log」です。

```
データベース コンテキストが 'taro' に変更されました。
処理開始
-------------------------------
2023-12-21 13:30:44.747

(1 行処理されました)

(1892 行処理されました)
件数
-----------
      1892

(1 行処理されました)
処理終了
-------------------------------
2023-12-21 13:30:46.097

(1 行処理されました)
```

付録F　コマンドツール sqlcmd の利用

　当付録は、本文『4-6-2 拡張子「bat」のバッチファイルを作成』内で触れた、SSMS の利用に対応した sqlcmd の利用方法について取り纏め記載したものです。

　通常、sqlcmd はコマンドプロンプト起動後に表示された漆黒のウィンドウ内で利用するため、まずコマンドプロンプトの起動方法、sqlcmd 起動時パラメータについて記載後、本文第4章の SSMS の利用にて実行した SQL 文を sqlcmd で実行する方法などを記載していきます。

F-1　コマンドプロンプトの起動

　コマンドプロンプトの起動方法には幾つか有ります。
　最もポピュラーなのは、「スタート」－「Windows システムツール」配下の「コマンドプロンプト」をクリックする方法です。

　「スタート」右クリックメニューから下方の「ファイル名を指定して実行（R）」クリック後に表示されたウィンドウ内の「名前（O）:」テキストボックスに「cmd」設定後「OK」をクリックする方法は、次回からはテキストボックスに「cmd」がデフォルト表示されるため上記より楽です。

　これらの起動方法に違いは有りませんが、起動後のウィンドウ上部に付されている名称が以下のように異なります。

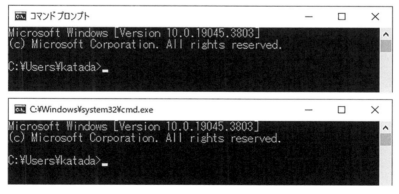

　「スタート」右クリックメニュー起動では「コマンドプロンプト」アプリの格納場所が表示されています。

　1行目にバージョン情報、2行目には著作権表示が有り、1行置いて表示されている「C:¥Users¥katada」がコマンドプロンプト利用時のカレントディレクトリとなり、パソコンのファイル階層の中での現在位置を表示しています。

カレントディレクトリについて、本文「4-6-1 SSMSの機能に代わるコマンドなどを追記する」と『4-6-2 拡張子「bat」のバッチファイルを作成』で作成した「第4章　一本化事例スクリプト.sql」と「住所録作成更新.bat」によりここで実証してみます。

　起動したコマンドプロンプトに「住所録作成更新.bat」内の下記1行のsqlcmd文を複写して実行すると、コマンドプロンプトとバッチファイルとの関係も見えてくるかもしれません。

> sqlcmd /E /S katada-pc¥sqlexpress /i "第4章 一本化事例スクリプト.sql" > 住所録作成更新.log

　上記1行のsqlcmd〜logまでの文字列全体をマウスでドラッグ、右クリックメニューから「コピー（C）」にて複写後、コマンドプロンプト上段（白色部分）内の右クリックメニューから「編集（E）−貼り付け（P）」と選択します。（下記参照）

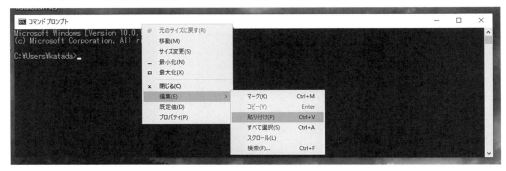

　下記は「貼り付け（P）」クリック後です。
　尚、この貼り付け（ペースト）操作はコマンドプロンプトの漆黒内ならば、どこでもマウスの1回の右クリックでも可能ですがオペミスを誘発しそうなのでお薦めできません。

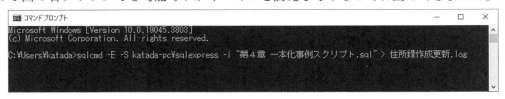

　上記状態で「Enter」キーを押下すると実行できます。下記が押下後です。

　押下後即座に「……：ファイル名が無効です。」が表示されましたが、これは「第4章　一本化事例スクリプト.sql」はDドライブ直下に格納され、カレントディレクトリの「C:¥Users¥katada」には格納されていないためです。

　そこで、この表示状態でキーボード上段の「F3」キーを押下すると、直前の入力コマン

付録F　コマンドツールsqlcmdの利用

ドが再表示されますので、点滅している下線（「カーソル」と呼びます）を「←」キーで「第」文字まで移動させて、「d:¥」と打ち込みます。（下記参照）

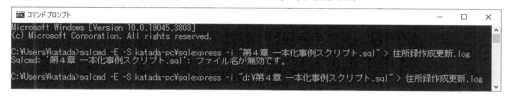

このまま「Enter」キーを押下すると、ほぼ即座に1行置いて「C:¥Users¥katada>」とカーソル点滅表示となり、エラーメッセージみたいなものも無く、正常終了したみたいです。（下記参照）

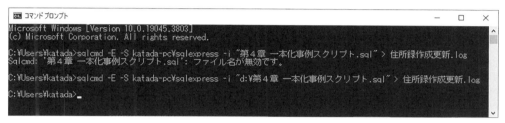

そこで実行結果の標準出力先ファイルとしていたDドライブ直下の「住所録作成更新.log」を確認すると実行時刻が相違していたため、「ハッ」としてカレントディレクトリ「C:¥Users¥katada」を覗いてみたら有りました。（下記参照）

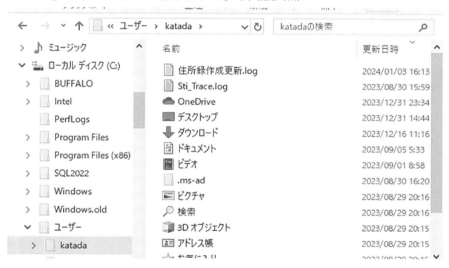

更に、先のコマンドプロンプトで「F3」キーを押下して直前の入力コマンドを再表示、カーソル位置から「BackSpace」キーを押下しながら「＞住所録作成更新.log」の文字列を削除し、「Enter」キーを押下した結果が次頁です。

実行結果の標準出力先ファイルとしていた「住所録作成更新.log」を指定していないため、コマンドプロンプトの標準出力先はデフォルトで画面出力に設定されているがための結

果でした。

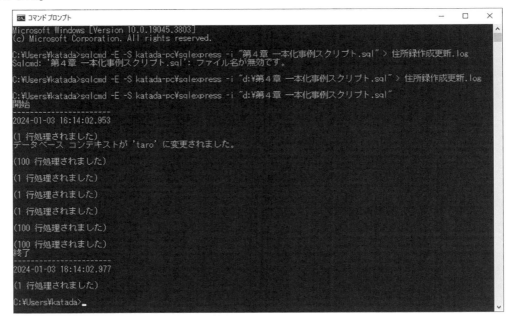

　これらの事例により、コマンドプロンプトとバッチファイルとの何かしらの関係性が見えてきたと思われますが如何でしょうか。

　カレントディレクトリ「C:¥Users¥katada」は、カーソル点滅以降に「cd△」（△：半角空白）に続けてファイル階層内を指定、自由に移動しながら、その場所に配置あるいは格納されているアプリなどを実行させることが可能です。

　その他コマンドプロンプトの利用方法などは「コマンドプロンプト　使い方」の検索結果「コマンドプロンプトの使い方と基本的なコマンドを紹介」（ https://www.akkodis.co.jp/candidate/insight/column_28 ）をご覧頂ければと思います。

　尚、より早くコマンドプロンプトを起動したい場合は、デスクトップにショートカットを配置したり、タスクバーにピン留めします。

F-2　sqlcmdの起動時パラメータ

　前節では、本文『4-6-2 拡張子「bat」のバッチファイルを作成』で3個のパラメータにより実行したsqlcmd文を、コマンドプロンプトにコピペして幾つかの事例を紹介しました。

　ここでは3個のパラメータ以外にどのような機能を有したパラメータが、どのくらい用意されているか、便利な利用方法を見ながら探っていきます。

付録F　コマンドツールsqlcmdの利用

「コマンドプロンプト」起動後、「>」に続いて「sqlcmd /?」(または「sqlcmd -?」)とタイプし、「Enter」キー押下にて「使用法：Sqlcmd」文字列以降に、各種パラメータの使用方法が表示されます。

下記がその結果ですが、凝視すると同じ文字でも大文字と小文字が有り、その機能が異なっているため注意が必要で、必ず区別して利用しなければなりません。

かなりの数が有りますが、実際のところ利用が多いのは以下のパラメータと思われます。
①[-E セキュリティ接続] [-S サーバー] [-i 入力ファイル]
②[-o 出力ファイル]
③[-d データベース名の使用]
④[-U ログイン ID] [-P パスワード]

①は既に利用しているパラメータです。
②はバッチファイル実行時の標準出力先をファイル出力とする場合に「>」を利用していますが、「-o」に続けて実行結果出力先ファイル名も指定できます。
③はスクリプト内で「use taro」とデータベース利用宣言しましたが、それに代わるもので

す。
④はログインユーザーを作成した場合の指定方法ですが利用頻度は低いと予想されます。

F-3 sqlcmdのSSMS利用比較

まずは、本文第4章で一本化したスクリプト「第4章　一本化事例スクリプト.sql」は、機能単位に順次作成したSQL文をSSMSで実行し、正常終了したものを一本化したものでしたが、その全ての機能単位のSQL文では有りませんが幾つかを、CUIによるsqlcmdで実行していきます。

まずは、本文第4章で順次作成したSQL文をSSMSで実行しましたが、その全てのSQL文ではありませんが幾つかを、コマンドプロンプト起動後のsqlcmdではどのようにして実行していくかを記載します。

そして、一本化スクリプト全体をsqlcmdパラメータ「-i」の入力ファイルとしてではなく、CUIによるsqlcmdで実行します。

CUIによるsqlcmd利用はコマンドプロンプト起動後、「>」に続けて「sqlcmd -E -S katada-pc¥sqlexpress -d taro」を打ち込み、「Enter」キーを押下します。「-d taro」は一本化スクリプト内「use taro」の機能だと理解できます。

すると、以下のように「1>」に続き、カーソルが点滅してSQL文の入力を待っているようです。

ここで、一本化スクリプト内1行目の「select getdate () 開始」をコピペし、「Enter」キーを押下しましたが次行に「2>」が表示されるだけで変化は有りませんので、再度「Enter」キーを押下しましたが次行に「3>」が表示されるだけでした。（下記参照）

そこで「go」を打ち込み「Enter」キーを押下した結果が次頁です。

付録F　コマンドツールsqlcmdの利用

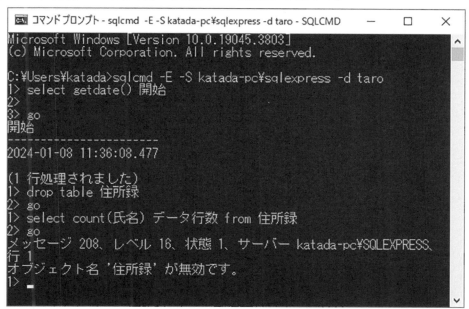

　日時が表示され、日時表示処理結果メッセージとして「(1 行処理されました)」が次行に、その次行には再び「1>」が表示されてSQL文の入力待ち状態となり、入力後は必ず次行に「go」を打ち込みながら処理を行っていくことが分かります。

　続けて一本化スクリプト内3行目「drop table 住所録」を処理後に、敢えて「select count(氏名) データ行数 from 住所録」を処理させた結果が下記です。

「住所録」テーブルの削除後なのでエラーメッセージが返されています。

　続けて「create」文をコピペして「住所録」テーブルを定義後、「bulk insert」文をコピペで100行のデータを追加し、ここで処理を中断する場合は、「1>」以降に「exit」(出口と訳されます)の打ち込みでsqlcmdを抜けると、制御がコマンドプロンプトに戻った形となり「C:¥Users¥katada>」が表示されました。(次頁参照)

ここで、前節で紹介した起動時パラメータ②[-o 出力ファイル] を利用してみます。

先の文字列が「sqlcmd -E -S katada-pc¥sqlexpress -d taro -o d:¥付録F_ログ.log」となり、コマンドプロンプト起動後にコピペし、一本化スクリプト内「insert into」文をコピペし処理後、データ行数算出SQL文を処理、「exit」で出ました。（下記参照）

実行結果は漆黒のウィンドウ内には表示されず、出力ファイル「d:¥付録F_ログ.log」に書き込まれた結果が次頁です。

186

付録F　コマンドツールsqlcmdの利用

　ここまでは、機能ごとのSQL文を「go」により都度実行してきましたが、一本化スクリプトは正常終了することが分かっていますので、スクリプト内の空白行を消し込んで全体をコピペ後、処理した結果が下記です。

```
Microsoft Windows [Version 10.0.19045.3803]
(c) Microsoft Corporation. All rights reserved.

C:¥Users¥katada>sqlcmd -E -S katada-pc¥sqlexpress -d taro -o d:¥付録F_ログ.log
1> select getdate() 開始
2> use taro
3> drop table 住所録
4> create table 住所録(
5> 氏名 varchar(50) not null,
6> 郵便番号 char(8) ,
7> 住所 varchar(50) not null,
8> 補助住所 varchar(100) not null
9> )
10> bulk insert 住所録 from 'D:住所録.csv' with (firstrow = 2, fieldterminator = ',')
11> --select * from 住所録 where 住所 like '神奈川県%' order by 郵便番号
12> insert into 住所録 values ('山田　太郎','123-4567','石川県金沢市','銀座町１－２－３')
13> insert into 住所録 values ('山田　太郎','123-4567','石川県金沢市','銀座町１－２－３')
14> --select * from 住所録 where 氏名 like '山田　太郎'
15> delete from 住所録 where 郵便番号 like '-4444'
16> insert into 住所録
17>    select 姓 + ' ' + 名,
18>         case 郵便 when 0 then null
19>            else substring(cast(郵便 as char), 1, 3) + '-' +
20>                 substring(cast(郵便 as char), 4, 4) end,
21>         都道府県,
22>         '未取得'
23>    from 同窓会
24> update 住所録
25>    set 補助住所 = ' ,'
26>    where 補助住所 like '未取得'
27> --select * from 住所録 order by 郵便番号
28> select count(氏名) データ行数 from 住所録
29> select getdate() 終了
30> go
1> exit

C:¥Users¥katada>_
```

　出力ファイル「d:¥付録F_ログ.log」が次頁です。

187

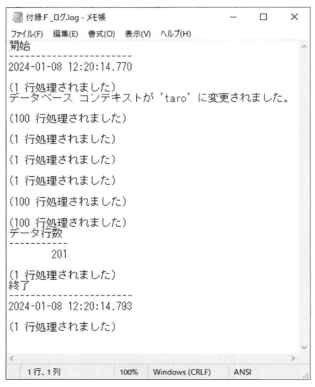

　SSMSの利用で実行していたSQL文をsqlcmdで実行する方法を理解頂けたと思いますが、これにより更にSSMSの利用が有効なツールだと確信できたのではないでしょうか。

　あるいは、sqlcmdの利用に興味を覚えた方が仮にいらっしゃる場合、コマンドプロンプト起動からの「sqlcmd -E -S katada-pc¥sqlexpress -d taro」の打ち込みが煩わしいと思われた方は、以下のバッチファイルを作成され「Sqlcmd_taro.bat」名などで格納がお薦めです。

```
color 02
sqlcmd -E -S katada-pc ¥sqlexpress -d taro
exit

color（背景色）（文字色）
黒        0     青        1     緑        2
水色      3     赤        4     紫        5
黄色      6     白        7     灰色      8
明るい青  9     明るい緑  a     明るい水色 b
明るい赤  c     明るい紫  d     明るい黄色 e
輝く白    f
```

因みに「exit」以降は注釈扱いで、「color 02」は背景色「黒」、文字色「緑」で見易いですよ。
　頻繁に利用される場合はショートカットをデスクトップに配置を！

付録G　フォーマットファイルについて

当付録は、本文『5-3-3 ファイル「fut001_w通帳取込履歴.csv」のテーブル一括追加』内で、各項目が全て「"」（ダブルクォーテーション）で囲まれたCSVデータを「bulk insert」文でテーブルに一括追加する場合に触れた「フォーマットファイル」について記載しています。

本文ではSQL Serverが2017以降のバージョンであれば、「with」句内に「FORMAT = 'CSV'」の追加指定で取り込み可能とされており、2019バージョン利用時にはこれを知らずにフォーマットファイルを作成して一括追加を行っており、痛恨の極みを久し振りに味わいました。

しかし、項目が「"」囲みのCSVデータ内の全ての項目を利用しない場合には、フォーマットファイルを作成、編集して一括追加を行った方が効果的な場合もあります。

固定長テキストファイルは昨今ではあまり目にすることも有りませんが、昔からのホスト系汎用コンピュータで継続運用されているシステムで出力される場合が有り併せて記載します。

CSVデータも固定長テキストも対応手順として、「フォーマットファイルの作成」、「フォーマットファイルの編集」、「テーブルへの一括追加」は同じような取り扱いとなりますが、固定長テキストに文字列がある場合は別途対応が必要となります。

G-1　ダブルクォーテーション囲みCSVデータの対応

フォーマットファイルはテーブル定義作成後に、「bcp」を利用して作成します。
「bcp」はSQL Serverのユーティリティの一つで、件数に関わらずCSVデータをテーブルに一括追加したり、逆にテーブルからCSVデータに簡単に出力できる便利さが有り、目的に沿ったスクリプトを編集、作成後、コマンドプロンプト起動後にコピペしての利用が一般的と思います。

以下はコマンドプロンプト起動後「bcp /?」入力後に表示される使用法です。

```
Microsoft Windows [Version 10.0.19045.3930]
(c) Microsoft Corporation. All rights reserved.

C:\Users\katada>bcp /?
使用法: bcp [dbtable | query] [in | out | queryout | format] datafile
  [-m 最大エラー数]          [-f フォーマット ファイル]    [-e エラー ファイル]
  [-F 先頭行]                [-L 最終行]                   [-b バッチ サイズ]
  [-n ネイティブ型]          [-c 文字型]                   [-w UNICODE 文字型]
  [-N text 以外のネイティブ型を保持] [-V ファイル フォーマットのバージョン] [-q 引用符で囲まれた識別子]
  [-C コード ページ指定子]   [-t フィールド ターミネータ]  [-r 行ターミネータ]
  [-i 入力ファイル]          [-o 出力ファイル]             [-a パケット サイズ]
  [-S サーバー名]            [-U ユーザー名]               [-P パスワード]
  [-T 信頼関係接続]          [-v バージョン]               [-R 地域別設定有効]
  [-k NULL 値を保持]         [-E ID 値を保持] [-G Azure Active Directory 認証]
  [-h "読み込みヒント"]      [-x XML フォーマット ファイルを生成]
  [-d DB 名] [-K アプリケーション インテント] [-l ログイン タイムアウト]

C:\Users\katada>
```

「SQL Server bcp」で検索して表示される「Microsoft Learn」サイトで詳細が紹介され、上記パラメータの使用方法も詳細に紹介されています。

G-1-1　フォーマットファイルの作成

フォーマットファイルを作成する場合は以下のスクリプトを編集、作成します。
表示の都合上、2行となっていますが実際には長い1行です。

```
bcp taro.dbo.fut001_w通帳取込履歴 format nul /S katada-pc¥sqlexpress /T /c /t "," /f
d:¥MyjobSS¥fmt¥fut001_w通帳取込履歴_org.fmt
```

対象テーブル名は「taro.dbo.」付きでフル指定です。
format nul：フォーマットファイルの自動作成を指示
/S：接続先サーバー名　　　　　/T：Windows 認証で SQL Server に接続
/c：テキスト形式で出力　　　　/t：区切り文字を指定
/f：出力先フォーマットファイル指定（拡張子：fmt）
各オプションは大文字／小文字を区別する。「/」は「-」も可。

以下のように、実行用バッチファイル「fut001_w通帳取込履歴_format file 作成.bat」を作成して実行します。仮に異常終了した場合には、「pause」コマンドでエラーメッセージが表示されますので、その場合は上記と見比べてください。

```
bcp taro.dbo.fut001_w通帳取込履歴 format nul /S katada-pc¥sqlexpress /T /c /t "," /f
d:¥MyjobSS¥fmt¥fut001_w通帳取込履歴_org.fmt
pause
exit
```

正常終了すると言っても一瞬で終わりますが、フォルダー「d:¥MyjobSS¥fmt」にファイル名「fut001_w通帳取込履歴_org.fmt」（_org：オリジナルの意味合いです）で作成され、下記がテキストエディタ「メモ帳」で開いたものですが表示の都合上、空白文字を削除しています。

14.0							
11							
1	SQLCHAR	0	7	","	1	番号	""
2	SQLCHAR	0	8	","	2	明細区分	Japanese_CI_AS
3	SQLCHAR	0	16	","	3	取扱日付	Japanese_CI_AS
4	SQLCHAR	0	16	","	4	起算日	Japanese_CI_AS
5	SQLCHAR	0	16	","	5	お支払金額	Japanese_CI_AS
6	SQLCHAR	0	16	","	6	お預り金額	Japanese_CI_AS
7	SQLCHAR	0	8	","	7	小切手	Japanese_CI_AS
8	SQLCHAR	0	16	","	8	取引区分	Japanese_CI_AS
9	SQLCHAR	0	16	","	9	残高	Japanese_CI_AS
10	SQLCHAR	0	48	","	10	摘要	Japanese_CI_AS
11	SQLCHAR	0	48	"¥r¥n"	11	メモ	Japanese_CI_AS
①	②	③	④	⑤	⑥	⑦	⑧

前頁フォーマットファイルの詳細な説明は別途マニュアル等を参照頂ければと思いますが、1行目はバージョン情報、2行目が項目数、3行目以降がテーブル「fut001_w通帳取込履歴」の項目に関する情報で各列は以下のように説明されています。
①：データファイル内の各フィールドの位置を示す番号。
②：データファイルの特定のフィールドに格納されているデータ型。
③：フィールドのプレフィックス長文字の数。
④：データファイルの特定フィールドに格納されるデータ型の最大バイト数。
⑤：データファイルのフィールドを分割する区切り文字。
⑥：SQL Server テーブルで列が表示される順序。
⑦：SQL Server テーブルからコピーされる列の名前。
⑧：データファイル内の文字データや Unicode データを格納するときに使用される照合順序。
参照先：「XML 以外のフォーマットファイルを使用する（SQL Server）」
　　　　（https://docs.microsoft.com/ja-jp/sql/relational-databases/import-export/non-xml-format-files-sql-Server?view=sql-Server-ver15）

G-1-2　フォーマットファイルの編集

作成されたフォーマットファイルの「"」を、「¥」をエスケープシーケンスマークとして「¥"」にて強制表示させ、テーブル項目表示行の直前に先頭の「"」を処理させるためのダミー列を記述させて1行追加などを行います。

具体的手順は、自動作成されたフォーマットファイルを「メモ帳」などのテキストエディタにより以下の方法にて編集します。
①2行目の数値に＋1。
②3行目に「1　SQLCHAR　0　1　"¥""　　0　dummy　　""」追加。
③4行目以降の行先頭数値に＋1。最終行加算後数値と加算後2行目の数値が等しい。
④「","」を「"¥",¥""」に全て置換。
⑤最終行の「"¥r¥n」を「"¥"¥r¥n」に置換。

以下が編集後のフォーマットファイル「fut001_w通帳取込履歴.fmt」です。

```
14.0
12
1    SQLCHAR    0    1     "¥""        0    dummy        ""
2    SQLCHAR    0    7     "¥",¥""     1    番号         ""
3    SQLCHAR    0    8     "¥",¥""     2    明細区分     Japanese_CI_AS
4    SQLCHAR    0    16    "¥",¥""     3    取扱日付     Japanese_CI_AS
5    SQLCHAR    0    16    "¥",¥""     4    起算日       Japanese_CI_AS
6    SQLCHAR    0    16    "¥",¥""     5    お支払金額   Japanese_CI_AS
7    SQLCHAR    0    16    "¥",¥""     6    お預り金額   Japanese_CI_AS
8    SQLCHAR    0    8     "¥",¥""     7    小切手       Japanese_CI_AS
```

9	SQLCHAR	0	16	"¥","¥""	8	取引区分	Japanese_CI_AS
10	SQLCHAR	0	16	"¥","¥""	9	残高	Japanese_CI_AS
11	SQLCHAR	0	48	"¥","¥""	10	摘要	Japanese_CI_AS
12	SQLCHAR	0	48	"¥"¥r¥n"	11	メモ	Japanese_CI_AS

G-1-3　フォーマットファイルを利用した一括追加

本文『5-3-3　ファイル「fut001_w通帳取込履歴.csv」のテーブル一括追加』で記載した「bulk insert」コマンドは以下のようにフォーマットファイルを追記、変更して記述します。

```
bulk insert fut001_w通帳取込履歴 from 'D:¥MyjobSS¥data¥fut001_w通帳取込履歴.csv'
with(firstrow = 2, formatfile = 'D:¥MyjobSS¥fmt¥fut001_w通帳取込履歴.fmt', errorfile =
'D:¥MyjobSS¥errorf¥fut001_w通帳取込履歴.txt')
```

上記では表示の都合上、「errorfile」句も追加して3行となっていますが実際には長い1行です。

以上、本文で『「FORMAT = 'CSV'」は流石に便利です。』がご理解頂けたと思います。
「bulk insert」コマンドの変更のみで、これ以前も以降も本文の節『5-3-4　テーブル「fut001_w通帳取込履歴」から「fut001_通帳履歴」へ』と同一となります。

G-1-4　「"」囲みのCSVデータ内の全ての項目を利用しない対応

本文『5-3-4　テーブル「fut001_w通帳取込履歴」から「fut001_通帳履歴」へ』内の機能2でテーブル「fut001_w通帳取込履歴」から項目を選択、必要な変換を行い「fut001_w通帳履歴」に追加していますが、この機能の「項目を選択」をフォーマットファイルの編集にて行います。

不要な項目は「明細区分」、「起算日」、「小切手」、「メモ」の4項目なので、フォーマットファイルテキスト内の当該行にあたる項目順序番号（G-1-1の⑥）に「0」、項目名（同⑦）に「dummy」、照合順序（同⑧）に「""」の上書きにより、一括追加の対象外項目の指定となります。

以下が編集後のフォーマットファイル「fut001_w通帳取込履歴_dmyadd.fmt」です。

14.0							
12							
1	SQLCHAR	0	1	"¥""	0	dummy	""
2	SQLCHAR	0	7	"¥","¥n"	1	番号	""
3	SQLCHAR	0	8	"¥","¥""	0	dummy	""
4	SQLCHAR	0	16	"¥","¥""	2	取扱日付	Japanese_CI_AS
5	SQLCHAR	0	16	"¥","¥""	0	dummy	""
6	SQLCHAR	0	16	"¥","¥""	3	お支払金額	Japanese_CI_AS
7	SQLCHAR	0	16	"¥","¥""	4	お預り金額	Japanese_CI_AS
8	SQLCHAR	0	8	"¥","¥""	0	dummy	""

付録G　フォーマットファイルについて

9	SQLCHAR	0	16	"¥",¥""	5	取引区分	Japanese_CI_AS
10	SQLCHAR	0	16	"¥",¥""	6	残高	Japanese_CI_AS
11	SQLCHAR	0	48	"¥",¥""	7	摘要	Japanese_CI_AS
12	SQLCHAR	0	48	"¥"¥r¥n"	0	dummy	""

　一括追加時には、このフォーマットファイルを指定しますが、その後は必要な変換が別途必要になります。

　「with」句内に「FORMAT = 'CSV'」を選択するか、フォーマットファイルの作成・編集を選択するかはケースバイケースですが、前者の利用が全体的に高効率と思われます。

G-2　固定長テキストファイルの対応

　フォーマットファイルの作成と編集に際し、固定長テキストファイルはダウンロード後の「fut001_w通帳取込履歴.csv」を元データにすべきと、事前にExcelにて読み込み後「fut001_w通帳取込履歴.xlsx」のブックファイルとして出力しました。

　その後、「セルの書式設定（F）」で日付項目は「yyyy/mm/dd」に、金額項目は「標準」へ変更、文字項目の「摘要」、「メモ」は関数「=LEFTB（J2&REPT (" ",48), 48）」にて文字列右側に半角空白を埋め込み48桁への編集など行い、「ファイルの種類（T）」を「テキスト（スペース区切り）（*.prn）」で「fut001_wf通帳取込履歴.prn」を出力後、調整して「fut001_wf通帳取込履歴.txt」としました。

G-2-1　フォーマットファイルの作成

　フォーマットファイルを作成するスクリプトはCSVデータと同様ですが、本文「5-3-4」内で『機能2：テーブル「fut001_w通帳取込履歴」から必要な項目を選択』としていましたので、編集作成した「fut001_wf通帳取込履歴.txt」から必要な項目のみを対象とします。

　なので、固定長テキストファイル用のテーブル定義は「fut001_w通帳履歴」とすることが可能となり、テーブル定義と一括追加の「fut001_w通帳取込履歴.sql」スクリプトが不要となり、スクリプト「fut001_通帳履歴更新.sql」を修正しなければなりませんが、第三者が見て分かり易くなります。

　以下がフォーマットファイル作成スクリプトですが、「/t」で指定する区切り文字は無いので「""」となります。

```
bcp taro.dbo.fut001_w通帳履歴 format nul /S katada-pc¥sqlexpress /T /c /t "" /f d:¥MyjobSS¥fmt¥fut001_w通帳履歴_org.fmt
```

　同様に作成は一瞬で終わりますが、フォルダー「d:¥MyjobSS¥fmt」にファイル名「fut001_w通帳履歴_org.fmt」が作成され、下記がテキストエディタ「メモ帳」で開いたものですが空白文字を削除しています。

```
14.0
```

7								
1	SQLCHAR	0	7	""	1	番号	""	
2	SQLCHAR	0	11	""	2	取扱日付	""	
3	SQLCHAR	0	12	""	3	出金額	""	
4	SQLCHAR	0	12	""	4	入金額	""	
5	SQLCHAR	0	16	""	5	取引区分	Japanese_CI_AS	
6	SQLCHAR	0	12	""	6	残高	""	
7	SQLCHAR	0	48	"¥r¥n"	7	摘要	Japanese_CI_AS	

G-2-2 フォーマットファイルの編集

テーブル不要項目「明細区分」、「起算日」、「小切手」、「メモ」の4項目は、CSVデータの「G-1-4」と同じ対応を取ります。

最大バイト数（G-1-1④）はデータ型より自動算出された数値なので、テキスト内の実際の入力項目長に修正します。

尚、最終項目行の「"¥r¥n"」は改行復帰コードにつき、テキストファイル最終項目以降に空白行が有る場合、今回は項目「メモ」が該当しますが項目名「dummy」行を追加し「"¥r¥n"」を付け替えます。

以下が編集後のフォーマットファイル「fut001_w通帳履歴.fmt」となります。

14.0								
11								
1	SQLCHAR	0	7	""	1	番号	""	
2	SQLCHAR	0	8	""	0	dummy	""	
3	SQLCHAR	0	10	""	2	取扱日付	""	
4	SQLCHAR	0	10	""	0	dummy	""	
5	SQLCHAR	0	16	""	3	出金額	""	
6	SQLCHAR	0	16	""	4	入金額	""	
7	SQLCHAR	0	8	""	0	dummy	""	
8	SQLCHAR	0	16	""	5	取引区分	Japanese_CI_AS	
9	SQLCHAR	0	16	""	6	残高	""	
10	SQLCHAR	0	48	""	7	摘要	Japanese_CI_AS	
11	SQLCHAR	0	48	"¥r¥n"	0	dummy	""	

G-2-3 フォーマットファイルを利用した一括追加

「bulk insert」コマンドはCSVデータと同様にフォーマットファイルを追記、変更して記述します。

```
bulk insert fut001_w通帳履歴 from 'D:¥MyjobSS¥data¥ fut001_wf通帳取込履歴.txt'
with(firstrow = 2, formatfile = 'D:¥MyjobSS¥fmt¥fut001_w通帳履歴.fmt', errorfile =
'D:¥MyjobSS¥errorf¥fut001_w通帳履歴.txt')
```

付録G　フォーマットファイルについて

　CSVデータ時と同様に上記「bulk insert」文を含むスクリプトファイルを作成しますが、前段で触れている「固定長テキストに文字列がある場合は別途対応」がここで必要となります。

　固定長テキストファイル化を行うときに、項目「取引区分」は自動で半角空白が埋められ、「摘要」と「メモ」はExcel関数「LEFTB」で空白を埋めていたため、「bulk insert」実行時には「メモ」はスキップしていますが、「取引区分」と「摘要」は空白を含めた桁数で一括追加されています。

　有効な文字列のみでの参照が利用時に便利なため、システム関数「rtrim」で余分な右側の半角空白は早いうちに削除する「update」文を「bulk insert」文直後に配置し、スクリプトファイル名「fut001_w通帳履歴.sql」にてフォルダー「D:¥MyjobSS¥sql¥bulkin」に格納しておきます。（下記参照）

```
use taro
select getdate() 開始;
bulk insert fut001_w通帳履歴 from 'D:¥MyjobSS¥data¥fut001_wf通帳取込履歴.txt'
with(firstrow = 2, formatfile = 'D:¥MyjobSS¥fmt¥fut001_w通帳履歴.fmt', errorfile =
'D:¥MyjobSS¥errorf¥fut001_w通帳履歴.txt')

update fut001_w通帳履歴
   set  取引区分 = rtrim(取引区分),
        摘要     = rtrim(摘要);

select getdate() 終了;

go
exit
```

G-2-4　テーブル「fut001_w通帳履歴」から「fut001_通帳履歴」へ

　一括追加と余分な半角空白削除後のスクリプトは以下のように第三者が見て分かり易くなり、スクリプトファイル名「fut001_通帳履歴更新_fix.sql」にてフォルダー「D:¥MyjobSS¥sql¥t-sql」に格納しておきます。

```
use taro
select getdate() 開始;
select count(*) 更新前件数 from fut001_通帳履歴;

insert into fut001_通帳履歴
   select a.* from fut001_w通帳履歴 a
     left outer join fut001_通帳履歴 b
       on a.取扱日付 = b.取扱日付 and a.番号 = b.番号
```

```
            where b.取扱日付 is null;

   select count(*) 更新後件数 from fut001_通帳履歴;
   select getdate() 終了;

   go
   exit
```

G-2-5　拡張子「bat」のバッチファイル作成と実行

　ここまでのスクリプトファイルをCSVデータ版「fut001_通帳履歴更新.bat」を参照し、同じように作成した固定長テキスト版バッチファイル「fut001_通帳履歴更新_fix.bat」が下記です。尚、表記上各sqlcmdコマンドは長い1行です。

```
@echo off
echo _
echo入出金明細－明細保管サービス(全期間)からダウンロードを行ない、
echo _
echo fut001_wf通帳取込履歴.txtの名前にてD:¥MyjobSS¥dataに格納済ですか？
echo _
pause
@echo on

D:
CD ¥MyjobSS

sqlcmd /E /S katada-pc¥sqlexpress /i "sql¥table¥fut001_w通帳履歴.sql" > log¥fut001_通帳履歴更新_fix.log
jbd020n log¥fut001_通帳履歴更新_fix.log
if exist  log¥err_fut001_通帳履歴更新_fix.log  goto  errlabel

if exist errorf¥fut001_w通帳履歴*.*  del errorf¥fut001_w通帳履歴*.*
sqlcmd /E /S katada-pc¥sqlexpress /i "sql¥bulkin¥fut001_w通帳履歴.sql" >> log¥fut001_通帳履歴更新_fix.log
jbd020n log¥fut001_通帳履歴更新_fix.log
if exist  log¥err_fut001_通帳履歴更新_fix.log  goto  errlabel

sqlcmd /E /S katada-pc¥sqlexpress /i "sql¥t-sql¥fut001_通帳履歴更新_fix.sql" >> log¥fut001_通帳履歴更新_fix.log
jbd020n log¥fut001_通帳履歴更新_fix.log
if exist  log¥err_fut001_通帳履歴更新_fix.log  goto  errlabel
exit
```

```
:errlabel
pause
exit
```

作成したバッチファイル「fut001_通帳履歴更新_fix.bat」を実行した結果ログが下記です。

```
データベースコンテキストが'taro'に変更されました。
データベースコンテキストが'taro'に変更されました。
開始
-------------------------------
2024-02-07 17:32:37.280

(1 行処理されました)

(188 行処理されました)

(188 行処理されました)
終了
-------------------------------
2024-02-07 17:32:37.287

(1 行処理されました)
データベースコンテキストが'taro'に変更されました。
開始
-------------------------------
2024-02-07 17:32:37.493

(1 行処理されました)
更新前件数
---------------
              0

(1 行処理されました)

(188 行処理されました)
更新後件数
---------------
            188

(1 行処理されました)
終了
```

```
-------------------------------
2024-02-07 17:32:37.497
```
（1行処理されました）

　CSVデータ版バッチファイル実行後ログと上記ログのメッセージ比較にて、各スクリプトによる処理の流れを検証し、同一テーブルが作成されていることが確認されました。

G-2-6　実行時ログ以外の確認方法

　CSVデータ版「fut001_通帳履歴更新.bat」と固定長テキスト版「fut001_通帳履歴更新_fix.bat」のそれぞれの実行結果を実行時ログ以外に、作成した「fut001_通帳履歴」が全く同じテーブルかどうかを検証する手順を以下に記載します。

　節「G-1」の冒頭で「bcp」はCSVデータをテーブルに一括追加したり、逆にテーブルからCSVデータを出力できる機能を紹介していますので、この機能を使った検証手順により「システム的に一致している」といえます。

　「bcp」でテーブルからCSVデータを出力するスクリプトは以下です。
　フォーマットファイル作成時と同様で2行となっていますが実際には長い1行です。

```
bcp taro.dbo.fut001_通帳履歴 out D:¥MyjobSS¥data¥fut001_通帳履歴.csv /S katada-pc¥sqlexpress /T /c /t ","
```

「out」を「in」に変えて実行すると逆にCSVデータをテーブルに一括追加します。

　上記スクリプトを「fut001_通帳履歴更新.bat」と「fut001_通帳履歴更新_fix.bat」（fut001_通帳履歴.csvはfut001_通帳履歴_fix.csvに変更）の正常終了時の「exit」コマンドの直前に配置、次行に「pause」コマンドを配置しておき処理結果を取得します。

　下記は「fut001_通帳履歴更新.bat」実行時のbcp以降を部分取得しています。

```
D:¥MyjobSS>bcp taro.dbo.fut001_通帳履歴 out data¥fut001_通帳履歴.csv /S katada-pc¥sqlexpress /T /c /t ","

コピーを開始しています...
SQLState = S1000, NativeError = 0
Error = [Microsoft][ODBC Driver 17 for SQL Server] 警告: フォーマットファイルを使用してBCPインポートを行うと、区切り列内の空の文字列がNULLに変換されます。

188 行コピーされました。
ネットワークパケットサイズ(バイト)　:4096
クロックタイム(ミリ秒) 合計　　　　　　:1　　平均:(188000.00 行/秒)

D:¥MyjobSS> pause
```

続行するには何かキーを押してください...

下記は「fut001_通帳履歴更新_fix.bat」実行時の bcp 以降を部分取得しています。

D:¥MyjobSS>bcp taro.dbo.fut001_通帳履歴 out data¥fut001_通帳履歴_fix.csv /S katada-pc¥sqlexpress /T /c /t ","

コピーを開始しています...
SQLState = S1000, NativeError = 0
Error = ［Microsoft］［ODBC Driver 17 for SQL Server］警告:フォーマットファイルを使用してBCPインポートを行うと、区切り列内の空の文字列がNULLに変換されます。

188 行コピーされました。
ネットワークパケットサイズ(バイト):4096
クロックタイム(ミリ秒) 合計　　　　:1　　 平均:(188000.00 行/秒)

D:¥MyjobSS> pause
続行するには何かキーを押してください...

出力された「fut001_通帳履歴.csv」と「fut001_通帳履歴_fix.csv」を取り敢えず目視で確認後、MS-DOS の「fc」コマンドでファイルコンペアを行います。

以下はコマンドプロンプト起動後「fc /?」入力後に表示される使用法です。

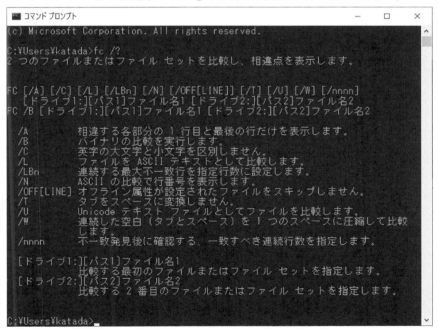

次頁が「fc」の実行結果で、「FC: 相違点は検出されませんでした」により完全一致が確

認できました。

```
D:¥MyjobSS¥bat>d:

D:¥MyjobSS¥bat>cd ¥MyjobSS¥data

D:¥MyjobSS¥data>fc fut001_通帳履歴_fix.csv fut001_通帳履歴.csv
ファイル fut001_通帳履歴_fix.csv と FUT001_通帳履歴.CSV を比較しています
FC: 相違点は検出されませんでした

D:¥MyjobSS¥data>pause
続行するには何かキーを押してください...
```

以上、「bcp」によるフォーマットファイルの作成と利用方法などがご理解頂けたと思います。

付録H　ユーザー定義関数：f_vcd2d

　当付録は、本文『5-3-4 テーブル「fut001_w通帳取込履歴」から「fut001_通帳履歴」へ』内で、項目「取扱日付」の「yyyy年mm月dd日」表記をデータ型「date」に変換して返す関数として紹介した、ユーザー定義関数「f_vcd2d」について記載したものです。

　「f_vcd2d」は、「可変長文字列日付を日付に変更する関数」で、「f」は「関数」を表し英訳「function」から頭文字を取り、「vcd2d」は「varchar date to date」を簡略化し「to」の英語発音で「2」を充てたという独善的な命名です。

　SQL Serverには数多くの関数が用意されていますが、「可変長文字列日付を日付に変更する関数」が無かったために作成しました。

H-1　関数の基本構造

　関数を作成する場合の基本形スクリプトは以下です。「：」は「中略」を表記しています。

```
create function ファンクション名(
    @入力パラメータ名1 入力パラメータ名1のデータ型[,
    @入力パラメータ名2 入力パラメータ名2のデータ型][,
                :
    @入力パラメータ名n 入力パラメータ名nのデータ型])
returns 戻り値のデータ型
as
begin
declare @戻り値 戻り値のデータ型 [, @変数1 @変数1のデータ型]
[declare @変数2 @変数2のデータ型]…[,@変数n @変数nのデータ型]
                :
    @入力パラメータ名1などを利用した処理
                :
return @戻り値
end
```

　［］はオプションを表しています。
　1つあるいは複数のパラメータ入力により目的とする処理にて「@戻り値」を返します。
変数には必ず接頭辞「@」を付します。
　作成したファンクション名は下記のように利用します。

```
select [データベース名.] dbo.ファンクション名
    (入力パラメータ1[, 入力パラメータ2]… [, 入力パラメータn])
```

　節「H-3」のスクリプト事例の参照により理解を深めて頂ければと思います。

H-2　処理概要

　この関数の入力パラメータは「yyyy 年 m 月 d 日」（9 桁）から「yyyy 年 mm 月 dd 日」（11 桁）までの半角数字と全角文字からなる可変長文字列で、date 型の日付を返す関数です。

　対応方法は作成者の性格なりで幾つかの仕様が想定されますので、この方法が最も効果的などとは明言できませんので、「取り敢えずこんな方法が有りますよ」程度に収めて頂ければと思います。

　この入力パラメータ書式の年桁数は 4 桁固定で、月と日の桁数が 1 あるいは 2 桁となり、「年」、「月」、「日」の文字位置に注視しますが、「年」は 5 桁目固定、「月」と「日」の文字位置が変動し、これへの対応が主となり、先ずは「yyyymmdd」となる 8 桁固定数字文字列の取得が目的となります。

　次に 8 桁固定数字文字列をデータ型に変換する方法には幾つか有りますが、本文でも紹介した「cast」関数を利用して date 型に変換します。
　尚、「yyyy-mm-dd」、「yyyy/mm/dd」の文字列も同様に date 型に変換できます。

H-3　f_vcd2d のスクリプト

行頭「--」の行と「/*」と「*/」で囲った行は注釈となります。

```
-- ************************************************************
-- *** sub function    f_vcd2d(yyyy年mm月dd日表記をdate型に変換)
--
-- select dbo.f_vcd2d('2023年1月2日');
--
-- ************************************************************
use taro
drop  function f_vcd2d;
go

create function f_vcd2d(@vc日付 varchar(32))
returns date
as
begin

declare @d日付 date;
declare @wi tinyint, @wj tinyint, @wk tinyint;
declare @wmm varchar(2), @wdd varchar(2);
declare @yyyy char(4), @mm char(2), @dd char(2);
```

```
set @yyyy = substring(@vc日付, 1, 4);


set @wi = 7;
set @wj = 1;
while '月' <> substring(@vc日付, @wi, 1)
begin
set @wi = @wi + 1;
set @wj = @wj + 1;
end

set @wmm = substring(@vc日付, 6, @wj);
if len(@wmm) = 1
   begin
   set @mm = '0' + @wmm
   end;
else
   begin
   set @mm = @wmm
   end;
set @wk = @wi + 1;

set @wi = @wi + 2;
set @wj = 1;
while '日' <> substring(@vc日付, @wi, 1)
begin
set @wi = @wi + 1;
set @wj = @wj + 1;
end

set @wdd = substring(@vc日付, @wk, @wj);
if len(@wdd) = 1
   begin
   set @dd = '0' + @wdd
   end;
else
   begin
   set @dd = @wdd
   end;

set @d日付 = cast(@yyyy + @mm + @dd as date);
```

```
-- set @d日付 = cast(@yyyy + '-' + @mm + '-' + @dd as date);
-- set @d日付 = cast(@yyyy + '/' + @mm + '/' + @dd as date);

return @d日付;
end;


go
/* ここから注釈
select dbo.f_vcd2d('2023年1月2日'), dbo.f_vcd2d('2023年1月20日'),
       dbo.f_vcd2d('2023年10月2日'), dbo.f_vcd2d('2023年11月20日');
*/ ここまで注釈
```

このスクリプトの詳細説明は割愛させて頂きますが、「while ある条件 begin ある処理 end」は「ある条件と異なるまである処理を続ける」で「最初からある条件と異なっていたら、ある処理をせずに次に進む」というものです。

前節の処理概要に沿って作成しているつもりです。

H-4　f_vcd2dの登録

新規登録時は、スクリプトの「create function……」から最終行までをコピー、「SSMS－＋データベース」に「taro」をポイント後、アイコンメニュー「新しいクエリ（N）」で開かれたエディターウィンドウにペーストしてアイコンメニュー「実行（X）」クリックにて作成されます。

メッセージタブに「コマンドは正常に完了しました。」が出力されたら、「最新の情報に更新（F）」にて「taro－＋プログラミング－＋関数－＋スカラー値関数」で「dbo.f_vcd2d」の登録確認ができます。

次頁は前節最終の「select」文の実行結果で、想定される可変長文字列で正常に結果が返

付録H　ユーザー定義関数：f_vcd2d

されたことを確認できました。

上記事例での「(列名なし)」の標記では事例の意図したいことが分かりづらいと思いましたので、「yyyy年m月d日」(9桁)から「yyyy年mm月dd日」(11桁)までの列別名を付してみました。

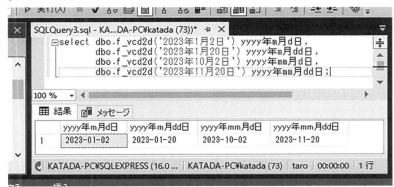

当関数に対する修正が発生した場合に備えて、スクリプト冒頭に再作成用SQL文を追記して、スクリプトファイル名「function f_vcd2d.sql」にてフォルダー「D:¥MyjobSS¥sql¥t-sql」に格納しておきます。

付録I　jbd020nのソースコード

　当付録は、本文「5-3-6 リスク回避を備えたバッチファイル作成」内で触れ、また同節記載《コラム：jbd020n について》で紹介している外部コマンドのソースコードを記載しています。

　《コラム》の再掲ともなりますが、jbd020n は実行時ログ内の全行を走査し、行頭文字列が「メッセージ」あるいは「Error」の場合と、「bcp」コマンド実行時警告メッセージ「Error = [Microsoft][ODBC Driver 17 for SQL Server] Warning: BCP」を対象としています。

　SQL Server 実行時ログ内にこれら以外に対象とすべきエラーメッセージの見逃しが有りましたら、当該ログを「件名：jbd020n 対象外エラーの送付」にて「e-mail:info@ykatada.com」宛までメールを頂ければと思います。

　追って、修正後ソースコードファイル、修正後実行形式ファイル（拡張子を変更）、取扱説明書などを返送させて頂きたく宜しくお願いします。

```
Module jbd020n

  Dim infilename As String
  Dim infilefullname As String
  Dim outfilefullname As String
  Dim curfolder As String
  Dim incnt As Long
  Dim outcnt As Long
  Dim infn As String
  Dim lnginfile As Long
  Dim lngpoint As Long
  Dim lngoutfile As Long
  Dim inpath As String
  Dim inputtxt As String
  Dim errtxt As String
  Dim strfile As String

  Sub Main()

  On Error GoTo err_shori

  'カレントフォルダを取得
  curfolder = CurDir()
```

'チェック対象ファイルを外部パラメータ入力
infilename = Command()

'チェック対象ファイルのフルパス名を取得
If ":¥" = Mid(infilename, 2, 2) Then
    infilefullname = infilename
Else
    infilefullname = curfolder & "¥" & infilename
End If

'チェック対象ファイル名の先頭に「err_」を付け、エラーファイル名を作成
lnginfile = Len(infilefullname)
lngpoint = InStrRev(infilefullname, "¥")
inpath = Left(infilefullname, lngpoint)
infn = Mid(infilefullname, lngpoint + 1, lnginfile - lngpoint)
outfilefullname = inpath & "err_" & infn

'エラーファイルと同一名のファイルがあった場合、削除
strfile = ""
strfile = Dir(outfilefullname)
If strfile <> "" Then
    Kill(outfilefullname)
End If

'初期設定
inputtxt = ""
incnt = 0
outcnt = 0

'使用ファイルのオープン
FileOpen(1, infilefullname, OpenMode.Input)
FileOpen(2, outfilefullname, OpenMode.Output)

'入力ファイルの終端を検知するまで、loop行までを繰り返す
Do Until EOF(1)
 inputtxt = LineInput(1)
 incnt = incnt + 1

 'bcp Warning thru ;
 If Left(inputtxt, 63) = "Error = [Microsoft][ODBC Driver 17 for SQL Server]

```
      Warning:BCP " Then
         GoTo jump_900
       End If

       'エラーを判定する()
       If Left(inputtxt, 5) = "メッセージ" Or Left(inputtxt, 5) = "Error" Then
         GoTo jump_500
       Else
         GoTo jump_900
       End If

      jump_500:
       outcnt = outcnt + 1
       PrintLine(2, inputtxt)
       errtxt = LineInput(1)
       PrintLine(2, errtxt)
       'incnt = incnt - 1

       PrintLine(2, "*********(" & incnt.ToString("#,0") & " 行目/ " _
                 & outcnt.ToString("#,0") & ")" _
                 & "**********************************************")
       PrintLine(2, "")

       incnt = incnt + 1
      jump_900:

      Loop

      FileClose(1)
      FileClose(2)

      'チェック対象ファイルにエラーが無かったら、作成したエラーファイルを削除
      lngoutfile = FileLen(outfilefullname)
      If lngoutfile < 3 Then
         Kill(outfilefullname)
      End If

      Exit Sub

      err_shori:
```

```
    Call errlogout()

End Sub

Sub errlogout()

'実行時エラーログ出力先ファイルと同一名のファイルがあった場合、削除
strfile = ""
strfile = Dir(outfilefullname)
If strfile <> "" Then
Kill(outfilefullname)
End If

'実行時エラーログ出力先ファイルのオープン
FileOpen(499, outfilefullname, OpenMode.Output)
PrintLine(499, "ERR-" & Err.Number.ToString("D") & ":" & Err.Description)
PrintLine(499, "")
FileClose(499)

End Sub

End Module
```

尚、ご自身で新たに「jbd020n.exe」を「Visual Studio」で作成される場合は、僭越ながら下記を参照して下さい。

1．当方で利用している「Visual Studio 2012」を起動します。

2．「スタートページ」から「新しいプロジェクト...」を選択します。

3．「コンソールアプリケーション」を選択し、下部「名前（N）:」に「jbd020n」を設定し「OK」をクリックします。

4．これは任意ですが、右上部フレーム内「Module1.vb」右クリックメニューから「名前の変更（M）」を選択し「jbd020n」を設定します。

5．左側フレーム内「Module jbd020n」（あるいは「Module Module1」）次行以降「End Module」までを、上記ソースコード3行目以降の「Dim infilename As String」から最終行「End Module」までをコピー後に「貼り付け（P）」で置き換えます。エラーが発生したら対処願います。

6．タブメニュー「ビルド（B）」から「jbd020n のビルド（U）」を選択します。

7．手っ取り早く終了保存させるために、右上「X」（閉じる）をクリックします。

8．表示される「プロジェクトを閉じる」ウィンドウで「上書き保存（S）」を選択します。

9．表示された「プロジェクトの保存」ウィンドウで「名前（N）:」と「ソリューション名（M）:」が「jbd020n」確認後、「場所（L）:」を既存「D:¥VB¥Projects」場所以外にする場合は「参照（B）...」にて設定後、「上書き保存（S）」クリックで終了します。

10．「D:¥VB¥Projects¥jbd020n¥jbd020n¥bin¥Debug」内の「jbd020n.exe」を「C:¥Windows」に配置して終了ですが、配置前に既存「jbd020n.exe」が有れば「jbd020n_old.exe」などと事前に改名してリスクに備えます。

付録J　LAN内他PCからのExcel連携対応

当付録は、本文「5-5 Excelからビューを取得する」にて『尚、家庭内LANや中小企業内LANでExpress版をインストールしていない他PCからもExcel連携を行いたい場合は別途「確認と対応」が必要ですが、「2．ログイン時の証明」で……』内の「確認と対応」について興味がある方を対象に記載しています。

尚、以降の確認と対応を行わずに本文記載のExcel連携をLAN上の他PCから行うと下記エラーウィンドウが表示されます。

J-1　SQL Server Browserサービスとネットワークプロトコル「TCP/IP」

当節で記載する内容は「付録B　SSMSのサーバーへの接続対応と確認」冒頭記載の『……「KATADA-PC」のSQL Serverを他パソコンからネット利用する場合にも必要な対応となります。』に該当しますので、先に「付録B」を参照して頂き確認と対応をお願いします。

J-2　LAN内他PCからのExcel連携確認

他PCで「Excel起動－空白のブック－データ－外部データの取り込み－その他のデータソース－SQL Server」の操作にて、次頁「データベースサーバーに接続」ウィンドウ表示後「1．サーバー名（S）:」に「katada-pc¥sqlexpress」を入力、「次へ（N）>」をクリックします。

尚、上記「katada-pc¥sqlexpress」の「katada-pc」はご自分の利用PCに読み替えてください。
以降、同様です。

　その後、「データベースとテーブルの選択」ウィンドウが表示され、「使用するデータが含まれているデータベースを選択（S）」にシステムデータベース「master」が表示されているドロップダウンリストから「taro」を選択し、下記のようにテーブルやビューが一覧表示されれば利用可能です。

　この場合、家庭内 LAN では一般的な設定として、他 PC 起動時のアカウント（ユーザーともいいます）も「katada-pc」と同じアカウントを設定していると思われますので、上記表示がされます。

　但し、中小企業内 LAN では PC の利用者ごとにアカウントを別途設定していると思われますので、「データベースとテーブルの選択」ウィンドウが表示されても、「使用するデータが含まれているデータベースを選択（S）」のドロップダウンリストには次頁のように「taro」は表示されません。

付録 J　LAN 内他 PC からの Excel 連携対応

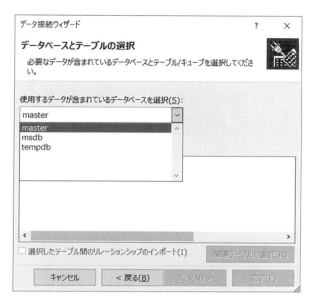

　仮に、Active Directory（AD）環境が構築されていれば、「データベースサーバーに接続」ウィンドウの「2．ログイン時の証明」は「Windows 認証を使用する（W）」を選択して、データベースに「taro」を選択できます。

　AD 環境も無く、PC ごとに起動時アカウントが異なる場合は「2．ログイン時の証明」で、「以下のユーザー名とパスワードを使用する（T)」を選択することとなり、「新たな対応」が発生します。

　尚、Active Directory については検索などにより、ご理解頂きたく宜しくお願いします。

J-3　SQL Server への追加対応

　前節の「新たな対応」とは、「SQL Server 認証モードの許可」、「新たなログインの作成」と「データベースユーザーの作成確認」を指します。

J-3-1　SQL Server 認証モードの許可対応

　SQL Server インストール時に設定されている SQL Server 利用時のサーバー認証は「Windows 認証モード」がデフォルトで設定されていました。

　なので、SSMS 起動時の「サーバーへの接続」ウィンドウ内「認証（A）」にデフォルト表示されていたのが「Windows 認証」で、右端のドロップダウンリストをクリックすると次頁のように、その他の認証が表示されました。

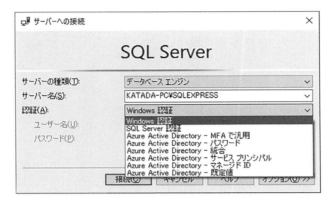

　幾つか表示されていますが、Azure Active Directory は「Microsoft 社の提供する各種クラウドのアクセス管理を提供するサービス」とのことで、ここでは「Windows 認証」以外に「SQL Server 認証」が選択できますが、許可対応を行わなければなりません。

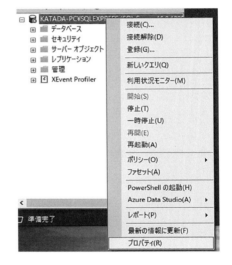

　まずは、今まで通り SSMS 起動時は「Windows 認証」がデフォルト表示されているままで「接続（C）」をクリックし、ログイン後のデータベースサーバー「KATADA-PC¥SQLEXPRESS」上で右クリックメニューから「プロパティ（R）」をクリックします。（右記参照）

　すると、「サーバーのプロパティ - KATADA-PC¥SQLEXPRESS」ウィンドウが表示されますので、「ページの選択」から「セキュリティ」をクリックします。（下記参照）

付録 J　LAN 内他 PC からの Excel 連携対応

　上部にはインストール時のサーバー認証「Windows 認証モード（W）」がラジオボタンで選択された状態になっていますので、「SQL Server 認証モードと Windows 認証モード（S）」のラジオボタンを選択し「OK」をクリックします。

　すると、下記メッセージウィンドウが表示されます。

「サーバーのプロパティ - KATADA-PC¥SQLEXPRESS」ウィンドウ内で変更などを行った場合、変更対象項目によっては上記メッセージウィンドウが表示されますので、メッセージ内容確認後「OK」をクリックします。

　SQL Server の再起動を行う場合、「付録 B」で「TCP/IP」の有効化に際し「コンピューターの管理－サービスとアプリケーション－サービス」から「SQL Server（SQLEXPRESS）」の選択後に、左側に表示されている「サービスの再起動」文字列をクリックして再起動を行いましたが、今回は「KATADA-PC¥SQLEXPRESS」上の右クリックメニューから右記のように「再起動（A）」を選択します。

　すると、「このアプリがデバイスに変更を加えることを許可しますか？」のユーザーアカウント制御ウィンドウが表示されますが、躊躇すること無く「はい」を選択し、暫くするとディスプレイ上段部に下記のように再起動確認メッセージウィンドウが表示されます。

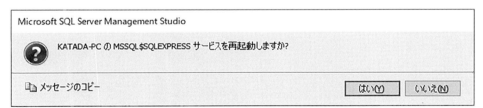

「はい（Y）」をクリックすると次頁の「サービスコントロール」ウィンドウが表示され、サービスの停止と開始が行われますので、絶対に勝手に「閉じる」はクリックせずに静観していると、再起動が正常終了し SSMS 起動時ログイン後のウィンドウに戻ります。

215

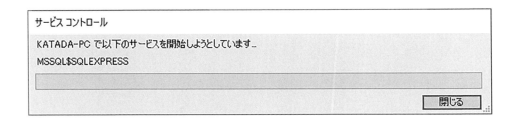

J-3-2　新たなログインの作成

新たなログインの作成は「SSMS－セキュリティ」選択後の「ログイン」右クリックメニューから、「新しいログイン（N）...」のクリックにて表示された、「ログイン－新規作成」ウィンドウの「ページの選択」の「全般」に下記のように入力、選択にて行います。

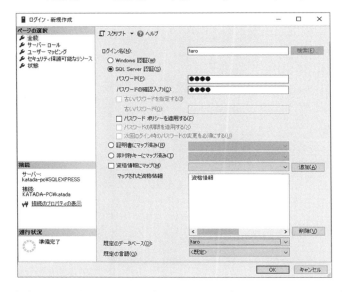

①「ログイン名（N）」は半角英数で識別しやすいようにデータベース名と同一にしました。
②「SQL Server 認証（S）」のラジオボタンを選択し、「パスワード（P）」、「パスワードの確認入力（C）」は①と同一にし、「パスワードポリシーを適用する（F）」のチェックを外して変更要請が出ないようにしています。
③「既定のデータベース（D）」はドロップダウンリストから「taro」を選択しました。

ここでは「OK」をクリックせずに、「ページの選択」の「ユーザーマッピング」をクリックし次頁を表示させます。

付録J　LAN内他PCからのExcel連携対応

④「このログインにマップされたユーザー（D）」は「データベース」欄の「taro」行の「マップ」をクリックすると「ユーザー」欄に「taro」が表示されました。
⑤「taro のデータベース ロール メンバーシップ（R）」では「db_owner」をクリックします。

上記①～⑤を確認後、「OK」をクリックします。

すると、「ログイン」が展開されて最下部に「taro」が作成されています。（下記左側）
更に、「＋データベース－＋taro－＋セキュリティ－＋ユーザー」により「taro」ユーザーが作成されているのが確認できます。（下記右側）

 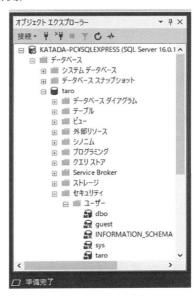

217

これで、「新たな対応」が終了しました。

J-4　SQL Server認証によるExcel連携確認

前節の「新たな対応」による検証を、Excel起動後「空白のブック－データ－外部データの取り込み－その他のデータソース－SQL Server」のクリック後に表示される、「データ接続ウィザード」の「データベースサーバーに接続」ウィンドウで下記のように入力します。

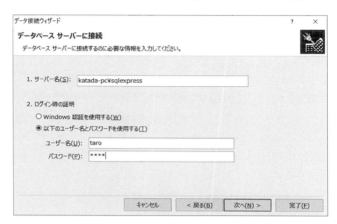

「次へ（N)>」をクリックすると、下記「データベースとテーブルの選択」ウィンドウで「使用するデータが含まれているデータベースを選択（S）」には、いきなり「taro」が表示されます。

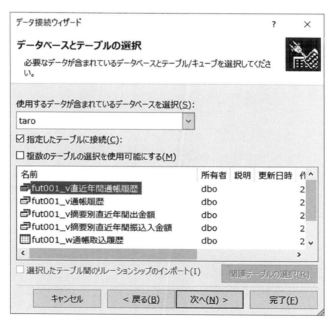

以降、本文と同様に操作が行えることが確認できました。

J-5　他PCからのExcel連携等接続利用状況確認

家庭内LAN上では想定しにくい事案ですが、中小企業内LAN上でExcel連携による資料作成からExpress版の利用制限を超えるまではいかなくとも、事務合理化が進捗発展するケースは十分に想定されます。

すると、利用者の中にはSQL文を駆使されて自分では気が付かないうちにデータベースに大きな負荷を掛け、他の利用者から「反応が遅い」との声が聞こえてくるやもしれません。

仮にこのような状況が発生した場合、その原因を探る種々の方法が有りますが、取り敢えず現時点で誰がSQL Serverを利用しているかを把握する仕組みが有り、右記のように「KATADA-PC¥SQLEXPRESS」上の右クリックメニューから「利用状況モニター（M）」を選択します。

下記が選択クリックにて表示された「利用状況モニター」で、左から分かり易いと思える列とした、ログインユーザー名、接続中データベース名、コマンド、利用アプリケーション、ホスト名（利用PC）などが識別できます。

これは、私がホスト名「KATADA-VK23」のPCを利用し、SQL Server認証によるExcel連携で3つのビューを新規ワークシートに取り込んでいる時間に取得した「利用状況モニター」で、取得終了後は暫くしてモニター上から消滅されました。

付録K　ビューについて

　当付録は、本文「6-4 仮想表を作成して実テーブルの利用を高める」の終わりで触れた様々な景色を見せるビュー表の事例紹介や、ビューについての深掘りに関する記載をしています。

K-1　こんなビューはどうでしょうか

　最初に、新たに作成したビュー「cms001_v都道年集計」を Excel 連携にて、シートに展開した事例を以下に掲載させて頂きます。

	A	B	C	D	E	F	G
1	都道府県CD	都道府県	年齢階層	年齢階層名称	顧客数	預金残高合計	融資残高合計
2	1	北海道	2	20歳以上 30歳未満	22	3284987231	344663715
3	1	北海道	3	30歳以上 40歳未満	15	1358475002	258239859
4	1	北海道	4	40歳以上 50歳未満	17	1989594977	227126469
5	1	北海道	5	50歳以上 60歳未満	17	2682238559	304292324
6	1	北海道	6	60歳以上 70歳未満	18	2531464946	217411367
7	1	北海道	7	70歳以上 80歳未満	10	688760370	128443609
8	1	北海道	8	80歳以上 90歳未満	16	1255841922	167653327
9	2	青森県	2	20歳以上 30歳未満	14	1513306486	138663321
10	2	青森県	3	30歳以上 40歳未満	13	1376487332	298032365
11	2	青森県	4	40歳以上 50歳未満	18	2183046270	257278547
12	2	青森県	5	50歳以上 60歳未満	13	1572956392	178034662
13	2	青森県	6	60歳以上 70歳未満	17	2904998543	230553494
14	2	青森県	7	70歳以上 80歳未満	14	1826627670	166255212
15	2	青森県	8	80歳以上 90歳未満	14	2180448237	213747964
16	3	岩手県	2	20歳以上 30歳未満	16	2279249563	213798157
17	3	岩手県	3	30歳以上 40歳未満	13	2199706761	209570826
18	3	岩手県	4	40歳以上 50歳未満	15	1532659292	170118906
19	3	岩手県	5	50歳以上 60歳未満	16	2072464590	263481640
20	3	岩手県	6	60歳以上 70歳未満	19	1728434836	179663011
21	3	岩手県	7	70歳以上 80歳未満	18	1458548750	136578790
22	3	岩手県	8	80歳以上 90歳未満	18	2832443149	158798982
23	4	宮城県	2	20歳以上 30歳未満	14	1730579475	149708696
24	4	宮城県	3	30歳以上 40歳未満	12	687117152	147514681
25	4	宮城県	4	40歳以上 50歳未満	16	2761316778	197049665
26	4	宮城県	5	50歳以上 60歳未満	13	1929426711	205136280
27	4	宮城県	6	60歳以上 70歳未満	17	3174392438	122705925
28	4	宮城県	7	70歳以上 80歳未満	12	1590496354	111922186

　これは、顧客の居住地 / 年齢階層ごとに顧客件数、預金残高合計、融資残高合計を集計し、都道府県 CD / 年齢階層順に並べたマーケティング情報と言えますが、更に居住地を「都道府県 CD / 自治体 CD / 性別 / 年齢階層 / 預金残高ランク / 融資残高ランク」ごとに顧客件数、預金残高合計、融資残高合計の集計もできます。

　この掲載したビューの作成元となる実テーブルは、次節で紹介していますが「このテーブルからどのように?!」と思って頂けたら、この付録を編集、作成した甲斐を私が得られます。

K-1-1　ビュー作成元となる実テーブル「cms001_選別顧客」を作成

　このテーブルは「付録D　疑似生成サービスからCSVデータを作成」で紹介したサイトを、再度以下のように集計を目的として利用させてもらいました。以下が目的とするテーブル定義です。

```
use taro
drop table if exists cms001_選別顧客;
go
create table cms001_選別顧客(
顧客番号        int,
性別            tinyint,
漢字住所1       varchar(16),   -- 都道府県名
漢字住所2       varchar(48),   -- 市区町村名
生年月日        date,
総預金残高      bigint,        -- 顧客番号下2桁と乱数から生成
総融資残高      bigint         -- 顧客番号下2桁と乱数から生成
);
go
```

①「連番：」の開始値を「230001」とし、項目「顧客番号」としました。
②「性別：」の出力値から「1/2」を選択、「1：男性」、「2：女性」としました。
③「住所：」は「漢字」を指定後、「都道府県名」項目を「漢字住所1」とし、「市区町村名」を「漢字住所2」としました。
④「生年月日」は「日付書式：」から「書式：YYYY/MM/DD」を選択しました。
⑤「生成する件数：」は「5000件」、「年齢の範囲：」は「20歳代から80歳代」、「男女比率：」は「男性60％、女性40％」、「住所範囲：」は「全選択」として「生成」クリック後、今回のダウンロードは「CSV（文字コード：UTF-8）」で行いました。
⑥ダウンロード後、「メモ帳」でダウンロードファイル「personal_infomation.csv」を「UTF-8」から「ANSI」で上書きを行い、Wクリックで開いたExcelで上記③の該当列名を編集、自動付記されていた「郵便番号」列と不要な住所の3列を削除しました。
⑦項目名称「生年月日」（セル：E1）の右に「総預金残高」（セル：F1）と「総融資残高」（セル：G1）の項目名称を追記、式「= MID (TEXT (A2, "@"), 5, 2)*int ((rand ()*1000)*(rand ()*10000))」を「セル：F2」に、式「= MID (TEXT (A2, "@"), 5, 2)*int ((rand ()*100)*(rand ()*10000))」を「セル：G2」に設定後、セル「F2：G2」をセル「F3：F5001」にコピペしました。
⑧一旦、「personal_infomation.xlsx」で格納後に「personal_infomation_編集後.csv」で保存したファイルを「bulk insert」文を編集、SSMSの利用により上記テーブル定義実行に続けて、一括追加を行いました。

　次頁が一括追加後の「select * from cms001_選別顧客」実行結果です。

[SQL Server Management Studioのスクリーンショット: SQLQuery3.sqlタブで「select * from cms001_選別顧客」を実行した結果。顧客番号、性別、漢字住所1、漢字住所2、生年月日、総預金残高、総融資残高の列があり、13行分のデータ（230001〜230013）が表示されている。下段右に「5,000 行」と表示。]

最下段右側には上記⑤「生成する件数：」で指定した「5000件」がカウントされています。

K-1-2　実テーブル「cms001_選別顧客」からビューを作成

本文の節「5-4」で作成した「fut001_v通帳履歴」や節「6-4」でも作成した「uc001_v 利用明細」と同様に、テーブル「cms001_選別顧客」から各種集計用ビューの親とも言えるビュー「cms001_v選別顧客」を作成します。

どのような集計を行うかでビューの項目を決めていくことになりますが、最初から固定せずとも必要とされた都度、後から項目追加あるいは再編集しても良いと思い、取り敢えず以下のようなビュー「cms001_v選別顧客」を作成しました。

```
drop view cms001_v選別顧客;
go
create view cms001_v選別顧客 as
select   顧客番号,
         case   性別
            when  1 then '男性'
            when  2 then '女性'
            else  '不明'
         end  as  性別,
         総預金残高,
         総融資残高,
         j.都道府県CD,
         漢字住所1    都道府県,
```

```
            j.都道府県CD * 1000 + j.市区町村CD            自治体CD,
         漢字住所1 + 漢字住所2          自治体名,
         生年月日,
         case 生年月日 when null then null else
         dbo.years_of_age_基準日(生年月日, cast(getdate() as date)) end as 年齢
    from cms001_選別顧客 c
      left join jpn002_自治体 j
       on c.漢字住所1 = j.都道府県 and c.漢字住所2 = j.市区町村;
```

①「顧客番号」はここでは顧客件数を取得することを目的としています。
②「性別」はコード表示を漢字変換して表示させるために「case」句を利用しています。
③都道府県単位や自治体単位に集計した結果を、「北海道」～「沖縄県」までの順番で見やすくするための都道府県コードや自治体コードを、既作成済テーブル「jpn002_自治体」(「付録E　郵便番号テーブルの作成手順」内の節「E-4」参照願います) の項目「都道府県」や「市区町村」が「漢字住所1」や「漢字住所2」に該当しているため、「left join」によりそれぞれを「都道府県CD」や「市区町村CD」として取得しています。
【補足】「漢字住所1」と「漢字住所2」を文字列結合した「自治体名」と、「都道府県CD」*1000と「市区町村CD」の加算結果が「自治体CD」と対応します。
④ユーザー定義関数「dbo.years_of_age_基準日」(「付録L　ユーザー定義関数：years_of_age_基準日」参照願います) にて「生年月日」より、当関数参照 (利用) 時を基準として「年齢」を算出しています。

　冒頭で紹介したビュー「cms001_v都道年集計」では「年齢階層」と「年齢階層名称」の項目を表示させていますが、上記「cms001_v選別顧客」の「年齢」から「年齢階層」を顧客ごとに算出する必要が有り、同様に「総預金残高」からは「総預金残高ランク」を、「総融資残高」からは「総融資残高ランク」を算出するためのビュー「cms001_v選別顧客集計」を以下のように作成しています。

```
drop view cms001_v選別顧客集計;
go
create view cms001_v選別顧客集計 as
select  顧客番号,
        性別,
        総預金残高,
        case
                when  総預金残高 >= 10000000  then  1
                when  総預金残高  between 5000000 and (10000000 - 1)  then  2
                when  総預金残高  between 3000000 and ( 5000000 - 1)  then  3
                when  総預金残高  between 2000000 and ( 3000000 - 1)  then  4
                when  総預金残高  between 1000000 and ( 2000000 - 1)  then  5
                when  総預金残高  between  500000 and ( 1000000 - 1)  then  6
```

```
                    when  総預金残高  between 100000 and（500000 - 1）then 7
                    when  総預金残高  ＜100000 then 8
                    else  0
            end as 総預金残高ランク,
        総融資残高,
        case
                    when  総融資残高 >= 10000000 then 1
                    when  総融資残高  between 5000000 and（10000000 - 1）then 2
                    when  総融資残高  between 3000000 and（ 5000000 - 1）then 3
                    when  総融資残高  between 2000000 and（ 3000000 - 1）then 4
                    when  総融資残高  between 1000000 and（ 2000000 - 1）then 5
                    when  総融資残高  between  500000 and（ 1000000 - 1）then 6
                    when  総融資残高  between  100000 and（  500000 - 1）then 7
                    when  総融資残高  ＜100000 then 8
                    else  0
            end as 総融資残高ランク,
        年齢,
        case
                    when  年齢 ＜20 then 1
                    when  年齢 between 20 and 29 then 2
                    when  年齢 between 30 and 39 then 3
                    when  年齢 between 40 and 49 then 4
                    when  年齢 between 50 and 59 then 5
                    when  年齢 between 60 and 69 then 6
                    when  年齢 between 70 and 79 then 7
                    when  年齢 between 80 and 89 then 8
                    when  年齢 between 90 and 99 then 9
                    when  年齢 >= 100 then 10
                    when  年齢 is null then 11
            end as 年齢階層,
        都道府県CD,
        都道府県,
        自治体CD,
        自治体名
   from cms001_v選別顧客;
```

冒頭紹介ビュー「cms001_v都道年集計」は結局、実テーブル「cms001_選別顧客」と「jpn002_自治体」から作成したビュー「cms001_v選別顧客」から、作成したビュー「cms001_v選別顧客集計」から下記のように作成されたビューとなります。

```
   drop view cms001_v都道年集計;
   go
```

```
create view cms001_v都道年集計 as
select  都道府県CD,
        都道府県,
        年齢階層,
        case 年齢階層
                when 1 then '２０歳未満'
                when 2 then '２０歳以上 ３０歳未満'
                when 3 then '３０歳以上 ４０歳未満'
                when 4 then '４０歳以上 ５０歳未満'
                when 5 then '５０歳以上 ６０歳未満'
                when 6 then '６０歳以上 ７０歳未満'
                when 7 then '７０歳以上 ８０歳未満'
                when 8 then '８０歳以上 ９０歳未満'
                when 9 then '９０歳以上 １００歳未満'
                when 10 then '１００歳以上'
                when 11 then '生年月日未設定'
                else null
        end as 年齢階層名称,
        count(顧客番号)              顧客数,
        sum(isnull(総預金残高,0))    預金残高合計,
        sum(isnull(総融資残高,0))    融資残高合計
  from  cms001_v選別顧客集計
  group by 都道府県CD, 都道府県, 年齢階層;
```

　例えば利用頻度は別にして「都道府県別自治体別性別年齢階層別総預金残高ランク別総融資残高ランク別顧客件数／総預金残高合計／総融資残高合計」を算出するビュー「cms001_v都道自治性年預融集計」は下記のようになります。

```
drop view cms001_v都道自治性年預融集計;
go
create view cms001_v都道自治性年預融集計 as
select  都道府県CD,
        都道府県,
        自治体CD,
        自治体名,
        性別,
        年齢階層,
        case 年齢階層
                when 1 then '２０歳未満'
                when 2 then '２０歳以上 ３０歳未満'
                when 3 then '３０歳以上 ４０歳未満'
```

```
                    when 4  then '４０歳以上 ５０歳未満'
                    when 5  then '５０歳以上 ６０歳未満'
                    when 6  then '６０歳以上 ７０歳未満'
                    when 7  then '７０歳以上 ８０歳未満'
                    when 8  then '８０歳以上 ９０歳未満'
                    when 9  then '９０歳以上 １００歳未満'
                    when 10 then '１００歳以上'
                    when 11 then '生年月日未設定'
                    else null
           end as 年齢階層名称,
           総預金残高ランク,
           case 総預金残高ランク
                    when 1 then '1,000万円以上'
                    when 2 then '500万円以上 1,000万円未満'
                    when 3 then '300万円以上 500万円未満'
                    when 4 then '200万円以上 300万円未満'
                    when 5 then '100万円以上 200万円未満'
                    when 6 then '50万円以上 100万円未満'
                    when 7 then '10万円以上 50万円未満'
                    when 8 then '0円以上 10万円未満'
                    else null
           end as 総預金残高ランク名称,
           総融資残高ランク,
           case 総融資残高ランク
                    when 1 then '1,000万円以上'
                    when 2 then '500万円以上 1,000万円未満'
                    when 3 then '300万円以上 500万円未満'
                    when 4 then '200万円以上 300万円未満'
                    when 5 then '100万円以上 200万円未満'
                    when 6 then '50万円以上 100万円未満'
                    when 7 then '10万円以上 50万円未満'
                    when 8 then '0円以上 10万円未満'
                    else null
           end as 総融資残高ランク名称,
           count(顧客番号)              顧客数合計,
           sum(isnull(総預金残高,0))     総預金残高合計,
           sum(isnull(総融資残高,0))     総融資残高合計
  from cms001_v選別顧客集計
  group by 都道府県CD, 都道府県, 自治体CD, 自治体名, 性別,
     年齢階層, 総預金残高ランク, 総融資残高ランク;
```

付録K　ビューについて

そして、下記が Excel 連携により取得した結果です。

[Excel スクリーンショット: 北海道の各自治体（札幌市中央区、札幌市北区、札幌市豊平区、札幌市南区、札幌市手稲区、函館市、小樽市、旭川市、釧路市、帯広市、北見市など）の性別・年齢階層別・総預金残高ランク別・総融資残高ランク別の集計データ]

このような集計事例は希ですが、これに近い形では金融機関などが顧客取引がどのような状況にあるかを、年間を通した月末時点、年度末を5年間など時系列に取得して変移を把握するときなどの資料としては有効なものと思われます。

一度、作成した最終形ビューのみを指定し Excel 連携による簡便な方法で取得できることは、事務合理化に繋がるものとも思われます。

K-2　ビューの特徴

本文の節「5-4」や「6-4」で作成したビューや当付録ビューなどにて、ビューとはどのようなものかが理解頂けたと思いますが、再度ビューの特徴などをネットで検索した結果から私なりに以下のように取り纏めてみました。

『ビューは「select」文のみで単一あるいは複数の実テーブルから、1つあるいは複数の目的のために、項目指定や関数を利用した単純な、あるいは複雑な構造にて編集により定義された仮想的なテーブルで、一度作成しておけば都度利用可能で利用者ごとの参照、更新が設定可能であり、ビューの記述に要したテキストサイズのみで格納される。』

どうでしょうか、「ビューの特徴」などで一度、検索して頂ければと思います。

K-3　多重「select」文ビューへのある対応

本文の節「5-4」や「6-4」で作成したビューや当付録ビューの実テーブルなどの件数は多

くて5,000件程度ですが、金融機関などでは100万件超の顧客を対象としてビュー「cms001_v都道年集計」をExcel連携した場合、シート展開されるまでに相当の待ち時間が予想されます。

ビューは定義のみで仮想的なテーブルです。これは相当な待ち時間に我慢できない人に向けて仮想的ではないマテリアライズドビュー（materialized view）なるものが有りますが、通常のSQL Serverには実装されていませんので、別途目的別専用のシステムを作成することとなります。

視点を変えて、ビュー「cms001_v都道年集計」の生成過程を無理矢理に簡便化標記すると、「select * from (select * from (select * from cms001_選別顧客, jpn002_自治体))」と捉えられ、一番内側の「select」文内の「*」に記載されている関数などをテーブル内の対象とするデータ行を対象に処理、その全ての結果を受けて更に外側の「select」文へと順に反復処理され、言い換えると「select * from cms001_v都道年集計」は4重のselect文が実行された結果とも言えると思います。

K-3-1　ビュー作成元となる実テーブル「cms001_選別顧客n」を作成

そこで、このビュー「cms001_v都道年集計」に特化し「select」文の多重度軽減にチャレンジして、まず項目「漢字住所2」を削除した実テーブル「cms001_選別顧客n」を以下のように作成してみました。

```
use taro
drop table if exists cms001_選別顧客n;
go
create table cms001_選別顧客n(
顧客番号        int,
性別            tinyint,
漢字住所1       varchar(16),
生年月日        date,
総預金残高      bigint,
総融資残高      bigint
);
go
```

上記テーブルへの一括追加対象CSVデータも新たに「personal_infomation_編集後n.csv」とし、次頁が一括追加後の「select * from cms001_選別顧客n」実行結果です。

付録K　ビューについて

　最下段右側にテーブル「cms001_選別顧客」と同一「5000件」が当然のように表示されています。

K-3-2　実テーブル「cms001_選別顧客n」からビューを作成

　とにかく「select」文の多重度を軽減させることを目的としていますので、取り敢えず以下のようなビュー「cms001_v選別顧客n」を作成しました。

```
drop view cms001_v選別顧客n;
go
create view cms001_v選別顧客n as
select  顧客番号,
        漢字住所１,
        dbo.years_of_age_基準日(生年月日,getdate()) 年齢,
        case
        when  dbo.years_of_age_基準日(生年月日,getdate()) < 20  then  1
        when  dbo.years_of_age_基準日(生年月日,getdate()) between 20 and 29 then 2
        when  dbo.years_of_age_基準日(生年月日,getdate()) between 30 and 39 then 3
        when  dbo.years_of_age_基準日(生年月日,getdate()) between 40 and 49 then 4
        when  dbo.years_of_age_基準日(生年月日,getdate()) between 50 and 59 then 5
        when  dbo.years_of_age_基準日(生年月日,getdate()) between 60 and 69 then 6
        when  dbo.years_of_age_基準日(生年月日,getdate()) between 70 and 79 then 7
        when  dbo.years_of_age_基準日(生年月日,getdate()) between 80 and 89 then 8
        when  dbo.years_of_age_基準日(生年月日,getdate()) between 90 and 99 then 9
```

```
              when  dbo.years_of_age_基準日(生年月日,getdate()) >= 100  then  10
            end  as  年齢階層,
            総預金残高,
            総融資残高
       from  cms001_選別顧客n;
```

①項目「年齢階層」をこのビューで算出することで「select」文の多重度を軽減しました。
②テーブル「jpn002_自治体」の利用による「都道府県CD」の設定はここでは行わず、このビューの仮想データ行総数5,000件の参照結果を更に取り纏める下記集計ビューで行えば、軽い処理になるのではとの憶測です。

```
       drop  view  cms001_vr都道年集計;
       go
       create  view  cms001_vr都道年集計 as
       select  都道府県CD,
              都道府県,
              年齢階層,
              case  年齢階層
                     when 1  then  '２０歳未満'
                     when 2  then  '２０歳以上 ３０歳未満'
                     when 3  then  '３０歳以上 ４０歳未満'
                     when 4  then  '４０歳以上 ５０歳未満'
                     when 5  then  '５０歳以上 ６０歳未満'
                     when 6  then  '６０歳以上 ７０歳未満'
                     when 7  then  '７０歳以上 ８０歳未満'
                     when 8  then  '８０歳以上 ９０歳未満'
                     when 9  then  '９０歳以上 １００歳未満'
                     when 10  then  '１００歳以上'
                     when 11  then  '生年月日未設定'
                     else null
              end  as  年齢階層名称,
              count(顧客番号)               顧客数,
              sum(isnull(総預金残高,0))       預金残高合計,
              sum(isnull(総融資残高,0))       融資残高合計
       from  cms001_v選別顧客n c
          left  join jpn002_自治体 j
            on  c.漢字住所１ = j.都道府県
         group  by  都道府県CD, 都道府県, 年齢階層;
```

K-3-3　Excel連携処理結果への対応

　上記２つのビューを SSMS 利用にて「コマンドは正常に完了しました。」メッセージを受け、早速 Excel 連携をと思いましたが、処理結果確認用として冒頭紹介の Excel シートの最

付録K　ビューについて

終行に、「顧客数／預金残高合計／融資残高合計」の総合計を算出しておきました。（下記参照）

都道	都道府県	年齢	年齢階層名称	顧客数	預金残高合計	融資残高合計
322	46 鹿児島県	7	70歳以上 80歳未満	15	734,674,110	160,287,608
323	46 鹿児島県	8	80歳以上 90歳未満	16	2,612,307,611	235,162,264
324	47 沖縄県	2	20歳以上 30歳未満	20	1,836,189,358	260,398,715
325	47 沖縄県	3	30歳以上 40歳未満	20	1,966,330,876	444,252,470
326	47 沖縄県	4	40歳以上 50歳未満	16	2,190,467,333	234,983,440
327	47 沖縄県	5	50歳以上 60歳未満	9	1,037,722,749	119,854,753
328	47 沖縄県	6	60歳以上 70歳未満	16	2,056,962,252	140,287,127
329	47 沖縄県	7	70歳以上 80歳未満	14	1,512,431,608	192,563,629
330	47 沖縄県	8	80歳以上 90歳未満	13	1,947,717,305	91,108,773
331				5,000	616,150,495,300	62,673,293,290

　上記と同じ結果とならなければ「select」文の多重度が軽減されたとはならず、処理時間の短縮にも結びつきません。

　以下が作成したビュー「cms001_vr都道年集計」に対するExcel連携結果ですが、ビュー「cms001_v都道年集計」のExcel連携時には行わなかった「都道府県CD／年齢階層」による昇順での並べ替えを行いました。

都道	都道府県	年	年齢階層名称	顧客数	預金残高合計	融資残高合計
322	46 鹿児島県	7	70歳以上 80歳未満	645	31,590,986,730	6,892,367,144
323	46 鹿児島県	8	80歳以上 90歳未満	688	112,329,227,273	10,111,977,352
324	47 沖縄県	2	20歳以上 30歳未満	820	75,283,763,678	10,676,347,315
325	47 沖縄県	3	30歳以上 40歳未満	820	80,619,565,916	18,214,351,270
326	47 沖縄県	4	40歳以上 50歳未満	656	89,809,160,653	9,634,321,040
327	47 沖縄県	5	50歳以上 60歳未満	369	42,546,632,709	4,914,044,873
328	47 沖縄県	6	60歳以上 70歳未満	656	84,335,452,332	5,751,772,207
329	47 沖縄県	7	70歳以上 80歳未満	574	62,009,695,928	7,895,108,789
330	47 沖縄県	8	80歳以上 90歳未満	533	79,856,409,505	3,735,459,693
331				204,004	24,964,366,534,755	2,581,323,814,131

　それよりも、最終行への「顧客数／預金残高合計／融資残高合計」の総合計の算出結果数値の大きさに驚愕しました。
　思い起こしてみると、Excel連携時の処理待ちに前よりも時間が掛かっていました。

　掲載しているExcelシートを見比べていると、「鹿児島県」で43倍、「沖縄県」では41倍と「顧客数」が乗され、「預金残高合計」も「融資残高合計」も掲載分の全てを確認しませんでしたが、それぞれ乗されていました。

いろいろと想定される原因に想いを巡らしていると、「鹿児島県」で43倍、「沖縄県」では41倍と異なる倍数が乗されていることに、「ハッ」として項目「都道府県CD」設定に利用している実テーブル「jpn002_自治体」を対象に以下のSQL文を発行した結果、「解を得たり」でした。

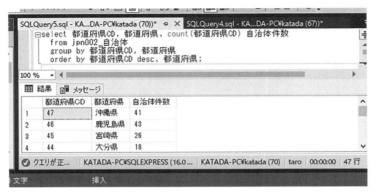

　ビュー「cms001_vr都道年集計」作成時に、実テーブル「jpn002_自治体」を「c.漢字住所1＝j.都道府県」で一致する自治体件数分を対象に、「group by 都道府県CD, 都道府県, 年齢階層」で取り纏めた結果と推察できます。

　そこで、「都道府県CD、都道府県、カナ都道府県」のみから構成される実テーブル「jpn003_都道府県」を、「jpn002_自治体」作成時と同様に「jpn001_郵便番号」から作成しました。（下記参照）

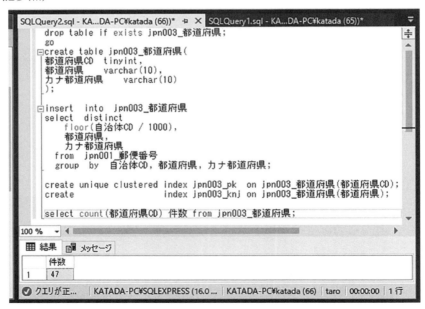

　そして、「cms001_vr都道年集計」作成時の「jpn002_自治体」を「jpn003_都道府県」に置き換えて再作成しました。

232

再処理した Excel 連携結果を「都道府県 CD / 年齢階層」による昇順で並べ替えを行い、最終行に「顧客数 / 預金残高合計 / 融資残高合計」の総合計を算出し、一致を確認しました。（下記参照）

	A	B	C	D	E	F	G
1	都道府	都道府県	年齢	年齢階層名称	顧客数	預金残高合計	融資残高合計
322	46	鹿児島県	7	70歳以上 80歳未満	15	734,674,110	160,287,608
323	46	鹿児島県	8	80歳以上 90歳未満	16	2,612,307,611	235,162,264
324	47	沖縄県	2	20歳以上 30歳未満	20	1,836,189,358	260,398,715
325	47	沖縄県	3	30歳以上 40歳未満	20	1,966,330,876	444,252,470
326	47	沖縄県	4	40歳以上 50歳未満	16	2,190,467,333	234,983,440
327	47	沖縄県	5	50歳以上 60歳未満	9	1,037,722,749	119,854,753
328	47	沖縄県	6	60歳以上 70歳未満	16	2,056,962,252	140,287,127
329	47	沖縄県	7	70歳以上 80歳未満	14	1,512,431,608	192,563,629
330	47	沖縄県	8	80歳以上 90歳未満	13	1,947,717,305	91,108,773
331					5,000	616,150,495,300	62,673,293,290

しかし、Excel 連携時の処理時間が短縮されたとは思えなかったため、この違いをそれぞれのビューから実測する方法はないものかと思案した結果が次節です。

K-3-4　同一機能ビューの処理時間を計測する

この節は付録内でも更なるオプション的な内容となりますが、浮かんだのが「bcp out」実行時の時間計測でした。

「bcp out」については付録「G-2-6　実行時ログ以外の確認方法」内で、

『「bcp」でテーブルから CSV データを出力するスクリプトは以下です。
フォーマットファイル作成時と同様で 2 行となっていますが実際には長い 1 行です。

```
bcp taro.dbo.fut001_通帳履歴 out D:¥MyjobSS¥data¥fut001_通帳履歴.csv /S katada-pc¥sqlexpress /T /c /t ","
```

「out」を「in」に変えて実行すると逆に CSV データをテーブルに一括追加します。』

と紹介しています。

上記囲み内の「taro.dbo.fut001_通帳履歴」を「"select〜"」に、「out」を「queryout」に変更し、CSV データの出力先を任意のフォルダー ¥ ファイル名に変更すれば、「この方法は大いに便利で有効だ！」と実感できます。

そこで、以下のようなバッチファイルを作成し、実行時ログを時間計測に利用します。

```
d:
cd ¥MyjobSS
```

```
sqlcmd /E /S localhost¥sqlexpress /i "sql¥t-sql¥cmn001_開始時刻取得.sql"  ^
    >   log¥bco_out_cms001_v都道年集計.log
bcp "select * from taro.dbo.cms001_v都道年集計 order by 都道府県CD, 年齢階層"  ^
    queryout D:¥MyjobSS¥data¥cms001_v都道年集計.csv /S katada-pc¥sqlexpress  ^
    /T /c /t ","  >>  log¥bco_out_cms001_v都道年集計.log
sqlcmd /E /S localhost¥sqlexpress /i "sql¥t-sql¥cmn001_終了時刻取得.sql"  ^
    >>  log¥bco_out_cms001_v都道年集計.log
exit
```

「^」は1行のコマンド文字列が長くなった場合に、次行が以降に続くことを有効化させる表記で、通常キーボードの「¥」キーの左側に配置されています。

「cmn001_開始時刻取得.sql」と「cmn001_終了時刻取得.sql」は「select getdate () 処理開始；」および「select getdate () 処理終了；」で処理時間計測用で、以下が実行時ログ「bco_out_cms001_v都道年集計.log」です。

```
データベース コンテキストが 'taro' に変更されました。
処理開始
------------------------------
2024-03-18 14:24:22.803

(1 行処理されました)

コピーを開始しています...

329 行コピーされました。
ネットワーク パケット サイズ(バイト):4096
クロック タイム(ミリ秒) 合計          :188     平均 :(1750.00 行/秒)
データベース コンテキストが 'taro' に変更されました。
処理終了
------------------------------
2024-03-18 14:24:23.170

(1 行処理されました)
```

そして以下が、ビュー「cms001_vr都道年集計」に対する同様なバッチファイル実行時ログ「bco_out_cms001_vr都道年集計.log」です。

```
データベース コンテキストが 'taro' に変更されました。
処理開始
------------------------------
2024-03-18 14:24:14.537
```

付録K　ビューについて

```
（1 行処理されました）

コピーを開始しています...

329 行コピーされました。
ネットワーク パケット サイズ(バイト):4096
クロック タイム(ミリ秒) 合計      :1984      平均 :(165.83 行/秒)
データベース コンテキストが 'taro' に変更されました。
処理終了
-------------------------------
2024-03-18 14:24:16.707

（1 行処理されました）
```

上記２つのログ内「処理開始」時刻から「処理終了」時刻までを見るに、時間短縮が図られなかったことが明らかになりました。

そして以下に、２本の「bcp queryout」バッチファイルによって作成された CSV データの、「fc」コマンドにより一致が確認されたファイル比較検証結果と、「メモ帳」で最終行をポイントしたキャプチャーを掲載しました。

K-4　オプティマイザーの存在

　ここまでの「select」文の多重度を軽減する方法に課題が残る結果となりましたが、様々なSQL文を実行させる場合にデータベースの内部では、「オプティマイザー」というプロセスなどがSQL文の構文などの文法チェックやテーブル名、項目名の存在チェックを行い相違が有ればエラーを返し、次に処理時間が最短になるように実行計画を立てて実行します。

　この実行計画とは、処理対象のテーブルに格納されているデータ行数、テーブルの索引有無と索引の構成、複数テーブルを対象とする場合には複数テーブル間の外部キー参照整合性制約の有無などにより、「select」文を機能単位に分割して最適な実行順序を組み立てることです。

　同じ目的を持って複数テーブルを対象に作成されたSQL文でも作成者により、「from」句以降のデータ行数の違いによるテーブル配置順序、「where」句以降の結合順序などの書き方が異なれば、組み立てられる実行計画も異なり、その結果処理時間に多大な影響を及ぼします。

　作成された実行計画は取得することができますので、それに基づきどの部分で処理時間を要しているかを確認してSQL文の書き方を変えたりしますが、自動作成された実行計画に疑問がある場合は無視させることもできた記憶が有ります。

　更なる詳細に興味が有る、あるいは深掘りしてみたい方は「データベースのオプティマイザー」で検索してみて下さい。結構、奥が深いですよ。

付録L　ユーザー定義関数：years_of_age_基準日

　当付録は、生年月日から年齢を返すユーザー定義関数「years_of_age_基準日」について記載したものです。

　この関数は、「SHIFT the Oracle 誕生日から年齢を算出する」（https://www.shift-the-oracle.com/sql/functions/years_of_age.html）から取得した PL/SQL での記載を、SQL Server の T-SQL に書き換えたもので、上記サイト内記載の説明事項を熟読の上、利用されることをお薦めします。

　この関数は、スクリプト内で「dbo.years_of_age_基準日（日付引数１，日付引数２）」にて、通常は「日付引数１」に西暦生年月日を、「日付引数２」には基準となる西暦日付を記載します。
「日付引数２」には「getdate ()」で処理実行日の利用が推奨されますが、前月末基準などで資料作成される場合は、「eomonth (getdate (), -1)」がお薦めです。

以下が SQL Server に書き換えたスクリプトです。

```sql
-- @p_method:0:一般的な年齢/1:年齢計算に関する法律を考慮/2:数え年
use taro
drop function years_of_age_基準日;
go
create function years_of_age_基準日(
    @p_birthday date,
    @p_basedate date)
returns int
as
begin
    declare @p_method       tinyint = 0;
    declare @vbasedate      date = @p_basedate;
    declare @vyearsoffset   int = 0;
    declare @vyears         int;
    declare @years          int;
    if(@p_method = 1)
        begin
        set @vbasedate = dateadd(day, 1, @vbasedate);
        end
    set @vyears = year(@vbasedate) - year(@p_birthday);
    if(@p_method = 2)
        begin
```

```
            set @vyearsoffset = 1;
         end
      else
         begin
            if replace(substring(cast(@vbasedate as char(10)),6,5),'-','')
             <replace(substring(cast(@p_birthday as char(10)),6,5),'-','')
            begin
            set @vyearsoffset = -1;
            end
         end
      set @years = @vyears + @vyearsoffset;
      return @years;
end
go
```

付録M　SQL Serverのバッチ起動と停止

　KATADA-PCの電源投入後、OSをはじめ各種アプリが起動されメモリ上に順次展開、約10分経過後に「タスクマネージャー」を起動して「プロセス」タブ内「メモリ」表示列を利用量順に並べ替えると、下記のように最上位には206.3 MBのSQL Serverが表示されています。

　KATADA-PCのシステム詳細情報の実装RAM表示は8.00 GB（7.89 GB使用可能）で、他アプリの利用には問題有りませんが、SSMSやExcel連携などの利用が無いにも拘わらず、常時自動起動されメモリが確保され続けることに、私を含めて腑に落ちない方もいると思います。

　さらに「タスクマネージャー－プロセス」の「スマートフォン連携」で「31.8 MB」の確保が気になり、存在理由を検索して如何にもこれは不要と判断し削除方法を検索、実行した結果が上記です。

　そこで、日常的に頻繁にSQL Serverの利用が少ないと予想し、他のアプリと同様に起動、停止させる方法の紹介前に、起動中サービスを停止させて次回からの起動方法を変更しておきます。

M-1　SQL Serverサービスの停止とスタートアップの種類変更

　次頁は「スタート－Windows管理ツール－サービス」にて「SQL Server」のみ表示させています。

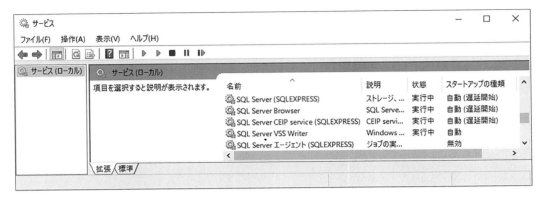

「状態」が「実行中」の各サービスを停止させ、「スタートアップの種類」を「手動」への変更を下記のように各サービスの右クリックメニューから「プロパティ」を選択して行います。

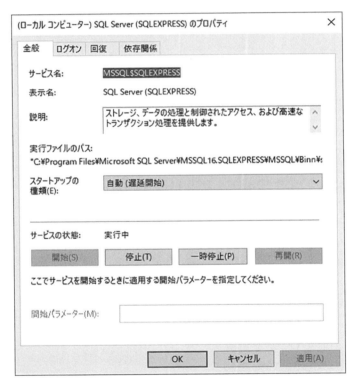

　順番は問いませんが、「スタートアップの種類（E）:」のドロップダウンリストから「手動」を選択、「サービスの状態：実行中」配下の「停止（T）」クリックにて停止させます。

　その後に、必ず「適用（A）」をクリックしてから「OK」をクリックします。
以降同様に他の３つのサービスを処理した結果が次頁となります。

付録M　SQL Serverのバッチ起動と停止

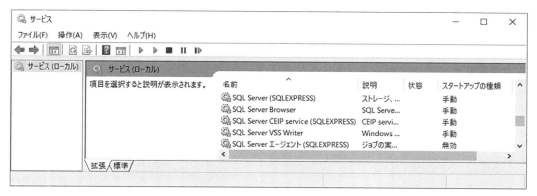

　次はこのように停止させたSQL Serverのこれらサービスを利用したいときに起動、利用が終わったら停止させるためのバッチファイルを作成します。

M-2　SQL Server起動と停止のバッチファイル作成

　バッチファイルは本文「4-6　一本化したスクリプトの都度実行方法」以降で既に作成しています。先ずは下記に起動用バッチファイル「SQLServer_start.bat」を提示しますので1文字でも間違えないように作成し、従前と同様にフォルダー「D:¥MyjobSS¥bat」に格納しておきます。

```
rem Service_start_1 SQL Server
net start "MSSQL$SQLEXPRESS"


rem Service_start_2 SQL Server Browser
net start "SQLBrowser"


pause
exit
```

　目新しいコマンドは「net」でパラメータとしてスイッチとオプションを指定し、ユーザーアカウントやサービスなどを操作するシステム管理コマンドで、利用時に管理者権限を必要とします。

　今回はサービスを起動させる「start」と停止させる「stop」スイッチと、サービスの右クリックメニューから「プロパティ」で表示されているサービス名「MSSQL$SQLEXPRESS」と「SQLBrowser」を「"」で囲んでオプションとしています。

　サービスの種類によって起動順を厳密にしている場合も有るため、起動順は本体を優先し停止順はその逆順としました。
　「pause」コマンドはエラー発生時、漆黒のウィンドウを閉じさせずにエラー情報を把握するために一時停止させるように配置しています。

241

停止用バッチファイル「SQLServer_stop.bat」は下記で作成後、フォルダー「D:¥MyjobSS¥bat」に格納しておきます。

```
rem Service_stop_1 SQL Server Browser
net stop "SQLBrowser"

rem Service_stop_2 SQL Server
net stop "MSSQL$SQLEXPRESS"

pause
exit
```

前節で停止させたサービス「SQL Server CEIP service（SQLEXPRESS）」は「SQLServerのカスタマーエクスペリエンス向上プログラム」につき不要、「SQL Server VSS Writer」は「Windows VSS を使用して SQL Server をバックアップ / リストアするためのインターフェイス」とされ Express 版での利用制限に準ずるものと判断し起動対象外にしていますが、以降問題は発生していません。

作成したバッチファイルを起動しやすいように、デスクトップにショートカットを作成し、判別しやすいアイコンに変更しようとすると下記の注意ウィンドウが表示されました。

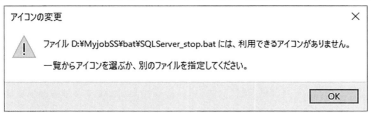

迷わず、「OK」をクリック後に表示された各種アイコンから私なりのセンスで下記を選択、同様に「SQLServer_start.bat」用アイコンも変更し、名称もバッチファイル名のみにしました。

M-3　作成したアイコンによる起動と停止

作成したアイコンをWクリックして起動しようとすると、漆黒のウィンドウ内は下記のように表示され起動できませんでした。

これは前節の「……利用時に管理者権限を必要……」に該当しているため、起動アイコンクリック後の右クリックメニューから「管理者として実行（A）」をクリックし、表示された「ユーザーアカウント制御」ウィンドウ内の「はい」を選択して起動させます。

この起動方法は、PC起動時に管理者権限ユーザーでログインしていても行わなければならず、詳細な説明は当付録の範囲外につきご容赦願います。

下記が正常起動時の漆黒のウィンドウ内表示です。

起動後のサービスは以下のようになり、「タスクマネージャー－プロセス」タブ内の「メモリ」表示利用量は「93.6 MB」となっていました。

　停止させる場合も同様にアイコンの右クリックメニューから「管理者として実行（A）」をクリックして行います。

　尚、起動アイコン操作を失念して SSMS 起動を行い、表示された「サーバーへの接続」ウィンドウの「接続（C）」をクリックした場合は、本文「2-4-3 別デバイスへのインストール後に発生した接続エラー」と同じエラーウィンドウが表示されます。

　同様に Excel 連携時には、データ接続ウィザードの「データベースサーバーに接続」ウィンドウの「次へ（N）>」をクリックした場合は、下記のエラーウィンドウが表示されます。

　慌てふためくこと無く、穏やかに起動アイコンを「管理者として実行（A）」でクリックしましょう。

おわりに

　定年退職後、就業中に実施した汎用系業務システムのオープン系 Oracle ヘダウンサイジングした際の各種技法を取り纏め、データベースのシステムエンジニア初級者に向けた、初めての書籍『ユーザ目線の SQL 等活用術』を出版しました。

　定年退職 4 年経過後、サーバー仮想化最終課題として残されたオープン系 Oracle 業務システムの SQL Server への移行作業のオファーを受託し、多岐に亘る特徴的な機能を有するシステムを対象に、作業した経緯と非互換などを取り纏め、書籍『ユーザ目線の O2S 移行顛末』を出版しました。

　今回、データベースが社会生活のみならず個人生活にも便利で役立つことに注視し、名簿などの管理に Excel を利用されている方が、データベースのインストールから Excel 連携までの知見も得られるように、書籍『ユーザ目線の RDB 個人生活』を出版しました。

　定年後の日々を過ごす中、出版という初めての経験によりお世話になった人々や、日常的に親交を深めて頂いている人々、そして何よりも好き勝手にさせてもらっている家族に感謝です。

　以降は、付随編で別の機会とした取り扱いやレンタルサーバーに「チョット面白い!?」と思われるものを作っていきたいと思っています。

索 引

A
ANSI 39, 42, 80, 81, 162, 221

B
bcp 100, 189, 193, 198, 199, 200, 206, 233, 234, 235

C
CUI 23, 80, 184

D
dbo 40, 41, 42, 43, 44, 45, 46, 59, 62, 64, 76, 93, 94, 121, 190, 193, 198, 199, 201, 202, 204, 223, 229, 230, 233, 234, 237

Developer版 30

E
Excel連携 2, 6, 8, 101, 108, 109, 125, 126, 127, 128, 130, 132, 211, 218, 219, 220, 227, 228, 230, 231, 233, 239, 244, 245

Express版 2, 30, 53, 109, 144, 155, 156, 159, 211, 219, 242

F
f_vcd2d 2, 8, 93, 94, 121, 201, 202, 204, 205

G
GUI 22, 23, 64, 80

J
jbd020n 2, 5, 8, 98, 99, 100, 101, 118, 171, 172, 178, 196, 206, 209, 210

L
localhost 100, 171, 178, 234

N
null 39, 40, 71, 72, 73, 74, 75, 78, 79, 88, 90, 94, 122, 134, 135, 137, 173, 196, 223, 224, 225, 226, 230

N
NULL 38, 40, 43, 60, 118, 119, 198, 199

P
PL/SQL 13, 237

S
Shift_JIS 79, 80, 81
SQL管理者 22, 28
SQL Server構成マネージャー 138, 139, 143, 145, 151, 153
SQL Server認証 8, 213, 214, 215, 216, 218, 219

T
t-sql 86, 94, 95, 234
T-SQL 13, 170, 177, 237

U
Unix（LF）.............................. 120, 122
UTF-8 .... 80, 81, 221

W
Windows認証 28, 80, 109, 190, 213, 214, 215

お
オブジェクトエクスプローラー 28, 29, 30, 31, 35, 41, 44, 51, 53, 60, 148, 153
オプティマイザー 8, 236

か
拡張型言語 2, 6, 13, 17, 84, 114
仮想表 6, 86, 101, 113, 114, 125, 220
カレントディレクトリ 95, 98, 99, 179, 180, 181, 182
カレントデータベース 52
管理者権限 19, 100, 241, 243

く
クエリエディターウィンドウ 41, 44, 46, 47, 48, 51, 52, 53, 62, 75, 76
クエリデザイナー 5, 63, 64, 66

こ
コミット 61, 62

さ
サーバーへの接続 2, 6, 27, 28, 29, 30, 35, 108, 109, 138, 140, 144, 149, 211, 213, 244
サーバーメモリオプション 32
最小サーバーメモリ 32
最大サーバーメモリ 31, 32, 33

し
システム関数 94, 102, 104, 105, 125, 137, 195
システムデータベース 52, 53, 78, 109, 212
実行計画 236
実行時ログ 2, 7, 78, 82, 85, 86, 100, 101, 118, 120, 123, 124, 171, 172, 173, 178, 198, 206, 233, 234

て
データ型 2, 38, 39, 56, 57, 71, 88, 89, 94, 128, 134, 135, 137, 191, 194, 201, 202
データ制御言語 12, 13
データ操作言語 12, 13, 50
データ定義言語 12, 13

は
バッチファイル 2, 5, 7, 8, 78, 79, 80, 83, 84, 85, 86, 92, 95, 96, 97, 98, 100, 101, 108, 117, 118, 123, 171, 172, 178, 179, 180, 182, 183, 188, 190, 196, 197, 198, 206, 233, 234, 235, 241, 242

ひ
ビュー 2, 6, 8, 101, 102, 103, 104, 105, 106, 107, 108, 109, 111, 112, 125, 126, 127, 128, 129, 130, 132, 211, 212, 219, 220, 221, 222, 223, 224, 225, 227, 228, 229, 230, 231, 232, 233, 234

ふ
フォーマットファイル 2, 7, 91, 175, 189, 190, 191, 192, 193, 194, 198, 200, 233
復旧モデル 7, 154, 158, 159

も
文字コード 39, 79, 80, 81, 221

ゆ
ユーザー定義関数 2, 8, 94, 201, 223, 237

り
利用状況モニター 219

わ
ワイルドカード 54

堅田　康信（かただ　やすのぶ）
1977年３月　東京理科大学理工学部数学科卒
同　年４月　岐阜県労働金庫に入庫（2000年10月　愛知労働金庫、岐阜県労働金庫、三重県労働金庫が合併し、東海労働金庫を創立）
2015年３月　東海労働金庫を定年退職

【著書】
『ユーザ目線のSQL等活用術 ── 事務系オラクルユーザが書いた業務システム習得事例集』（東京図書出版）

『ユーザ目線のO2S移行顛末 ── 元事務系オラクルユーザによるOracleからSQL Serverへの移行』（東京図書出版）

ユーザ目線のRDB個人生活
データベースを身近に感じる便利な事例集

2024年12月７日　初版第１刷発行

著　者　堅田康信
発行者　中田典昭
発行所　東京図書出版
発行発売　株式会社 リフレ出版
　　　　〒112-0001　東京都文京区白山 5-4-1-2F
　　　　電話 (03)6772-7906　FAX 0120-41-8080
印　刷　株式会社 ブレイン

© Yasunobu Katada
ISBN978-4-86641-800-1 C2004
Printed in Japan 2024

本書のコピー、スキャン、デジタル化等の無断複製は著作権法上での例外を除き禁じられています。本書を代行業者等の第三者に依頼してスキャンやデジタル化することは、たとえ個人や家庭内での利用であっても著作権法上認められておりません。

落丁・乱丁はお取替えいたします。
ご意見、ご感想をお寄せ下さい。